Suicidio
Las Señales Silenciosas
Guía para Padres

*Si los brazos del mundo acogen,
el cuerpo no sentirá frío,
ni el alma sentirá la soledad,
porque no se está solo,
porque ahí,
se ha de encontrar de los hombres
la hermandad en su humanidad.*

Rita Jaime

© Rita Ma. Jaime González

Derechos reservados conforme a la ley

ISBN: 9781520671970

Impreso en Estados Unidos de América

Suicidio
Las Señales Silenciosas

Suicidio
Las Señales Silenciosas
Guía para Padres

Contenido

Prólogo 7
Introducción 9
Agradecimiento 11
Dedicatoria 12
La Propuesta 13
    Introducción a la propuesta 14
    La propuesta 18
    La Herramienta 26
Suicidio 28
    Introducción 29
    Un Panorama General 38
    Una Reflexión 44
La muerte en la vida del hombre 49
El Duelo 53
    El Mundo Privado y Público 54
    Una reflexión 62
    ¿Qué es el duelo? 67
La Herramienta 76
    Padres Bio-Psico Social Mente Responsables 77
    Consideraciones generales 83
    Guía Práctica 89

Área 1 90
Área 2 105
Área 3 116
Área 4 127
Bibliografía 139

Suicidio
Las Señales Silenciosas
Guía para Padres

Prólogo

"La Vida es una experiencia tan fascinante que vale la pena disfrutar cada segundo".

A lo largo de la historia humana hemos convivido con una lesión social que lastima profundamente a la sociedad y determina con precisión el síntoma o grado de deterioro de la salud social colectiva y no sólo de quién tomó la determinación de privarse así mismo de la existencia, es impresionante la visión y sencillez de la forma en que Rita Jaime nos va planteando los contextos y las causas que dan lugar a este fenómeno para entender luego las estrategias en la intervención social para detectar preventivamente señales silenciosas anteriores al suicidio.

El riesgo que asumen actualmente los jóvenes adolescentes de esta generación dentro de un ecosistema tan complejo y diferente a los de otras generaciones con mucha más información e interacción de fenómenos como la globalización, el internet y a través de ella las llamadas redes sociales y el acceso ilimitado a la información y medios de comunicación que muchas veces desborda la capacidad de comprensión y adaptación al medio, son nuevas variantes entre otras señales silenciosas que la autora expone de forma muy clara la definición del individuo con respecto de sí mismo y de su contexto.

Sin duda que las investigaciones y conclusiones de un trabajo intenso sobre las causas y comportamiento de esta lesión social en la comunidad contemporánea hacen posible que Rita Jaime nos ofrezca una guía orientada a quienes tenemos la responsabilidad de ser padres con una herramienta que puede hacer la diferencia en la vida de nuestros hijos y de nosotros mismos por medio de entendimiento y del auto diagnóstico llevados de la mano para establecer un plan de acción el cual debemos emprender no únicamente para prevenir una desgracia mayor, sino colateralmente para mejorar las condiciones de vida personales, del hogar y de la comunidad en general.

Puedo afirmar que la experiencia de Rita Jaime está respaldada por trabajo intenso de estudios en campo de la implementación en varias comunidades a lo largo del país de una metodología práctica, evaluada y consolidada precisamente con jóvenes y sus padres con resultados verdaderamente sorprendentes, lo que obliga a compartirlo con todas las familias posibles y mejorar la calidad de vida en los hogares y comunidades a lo largo del continente.

Estamos seguros que la aplicación de la guía y los consejos de la investigadora podrán impactar en la vida de miles de personas, pero sobre todo querido lector en su experiencia propia.

Carlos Güereka Pardo
Presidente
Organización Interamericana de Consejos Ciudadanos (OICC)

Suicidio
Las Señales Silenciosas
Guía para Padres

Introducción

Uno de los objetivos que han dirigido mi camino en el campo de la investigación de las relaciones humanas ha sido encontrar formas y maneras de traducir los aspectos intangibles a tangibles para proporcionar herramientas prácticas que funcionen como una plataforma que genere las condiciones de cambio y solución en los conflictos de la vida de las personas, de una manera sistemática y metódica.

Durante muchos años, en el trabajo de campo y aplicación de programas de desarrollo de habilidades para la vida y salud mental, individuales y colectivas, he podido crear una plataforma de herramientas humanísticas, que en sus diferentes modalidades, han mostrado su efectividad en algunos campos, por lo que hoy, y después del valioso apoyo que la experiencia obtenida en programas para padres me ha brindado, se ha podido consolidar una primera plataforma para la detección de señales silenciosas de conductas antisociales, depresión y suicidio en los adolescentes, misma que de forma preventiva intenta coadyuvar en esta difícil problemática, a partir de brindar a los padres herramientas prácticas que pueden apoyarles preventivamente en su detección.

Dicha detección tiene el propósito de sumar acciones y esfuerzos en la prevención del suicidio, y que se anticipen a situaciones críticas que pongan en riesgo el bienestar físico, mental o emocional y que puedan hacer la diferencia en la vida de una persona y de las personas que la rodean.

Debo mencionar que esta primera plataforma, está en su nivel básico, por lo que su función, independientemente de proporcionarles algunas herramientas, busca promover el involucramiento y toma de acciones concretas de los padres con sus hijos, que les permita tomar decisiones lo más oportunamente posible y sobre todo sensibilizarlos para el caso en el que ya están teniendo evidencia sobre el malestar del adolescente, no duden en buscar ayuda pues la omisión puede ser fatal.

Será seguramente perfectible, pero cuando se transita en la vida de los padres y se comparten sus preocupaciones se descubre también que requerimos apoyarles más en esa difícil tarea de ser padres, y es por ello, que motivada por estos acompañamientos deseo aportarles estas herramientas que utilizadas adecuadamente podrán aumentar las posibilidades de éxito es su labor como padres.

La presentación de esta propuesta, me hizo meditar que esta era una oportunidad para reflexionar no sólo en el suicidio, sino en el tema de la muerte y el duelo bajo una mirada humanística, una perspectiva diferente que busca presentarles matices más cotidianos sobre la situación del suicidio y algunos aspectos importantes que le rodean, para tratar de llevarlos a una perspectiva periférica sobre la importancia de esta guía.

Deseo que esta pequeña aportación pueda aligerarles un poco en esta difícil tarea, pero, sobre todo, hacerles saber que es muy importante contar con el apoyo de los especialistas, no porque ustedes no sean capaces, sino porque las condiciones actuales, nos están rebasando a todos, motivo por el cual debemos ya romper el paradigma de que no estamos locos para buscar ayuda, porque estamos hablando de la vida, porque no hay un manual de la vida, porque la vida se construye todos los días...

No saben cuánto podemos hacer, las experiencias que se viven cuando nos damos la oportunidad de trabajar juntos, es maravillosa.

Rita Jaime

Suicidio
Las Señales Silenciosas
Guía para Padres

Agradecimiento

Los sueños nacen de forma individual, pero se construyen en la compañía de los otros, algunos llegan, algunos se quedan en el camino, pero siempre serán parte de esa historia, gracias a todos.

Gracias a la vida, a este mundo que me ha permitido caminar por los senderos de la vida y encontrarme, no con la humanidad de los otros, sino con la mía propia, y que cada día me reconcilia con la realidad de la imperfección de los seres humanos que somos, pero también con las maravillosas virtudes humanas. Gracias vida.

Gracias a los hermanos que el mundo me ha entregado:

Rosy Pérez, Bety Zamora, Ale Peña, Paty Juárez, Gaby Pintor, Margarita Merlos, Érika Santiago, Tania Rodríguez, Claudia y Salvador Ferrer, Juan Trejo, Adrián Bautista, Ángel Ross, Gerardo Muñoz, Héctor Sampson, Elpidio Martínez.

Gracias a mis alumnos que son motivo de inspiración, a todos y cada uno de ellos, muchas gracias por existir en mi vida.

Rita Jaime

Suicidio
Las Señales Silenciosas
Guía para Padres

Dedicatoria

Dedico este libro a José Luis Álamo Parrales

A veces, las palabras son insuficientes para decirle a alguien que se le quiere, que se le admira, pero sobre todo para expresarle la gratitud por ser ese compañero que ha compartido los días soleados, pero también los de las más profundas obscuridades, con quien no hay que ser otra, ni mejor ni, peor, con quien se puede ser ese yo y a pesar de ello, siempre ha estado ahí.

José Luis, gracias porque sin tu apoyo esto y muchas otras cosas que he logrado no hubieran sido posibles, gracias por ser como eres y aceptarme tal como soy, gracias por tu aliento, por no dejarme caer cuando las fuerzas me son insuficientes para sostenerme, pero tú siempre estás ahí, gentilmente y con esa gran serenidad y sabiduría que me han hecho mejor persona.

Gracias, recibe esta dedicatoria como un pequeño homenaje al gran ser humano que eres.

Rita Jaime

Suicidio
Las Señales Silenciosas
Guía para Padres

La Propuesta

*"La historia no es mecánica
porque los hombres son libres para transformarla".*

Ernesto Sábato

Suicidio
Las Señales Silenciosas
Guía para Padres

Introducción a la propuesta

*"Cuando la vida te presente razones para llorar,
demuéstrale que tienes mil y una razones para reír".*

Anónimo

La pregunta obligada que surge naturalmente ante una situación o suceso, que pone en juego el bienestar, es "¿por qué?", sin embargo, en el caso expreso del suicidio su fondo es mucho más complejo, porque el origen de este acto contiene causas multifactoriales y que implican no sólo a quien decidió suicidarse sino una serie de circunstancias que involucran a otras personas, otros entornos...

¿Se puede evitar el suicidio? Una respuesta sumamente difícil, no sólo por la naturaleza propia del suicidio, sino por la pregunta en sí misma. La búsqueda de esta respuesta en el suicidio se finca esencialmente en el entendimiento y la justificación que dieran las razones de los hechos, sin embargo, en este caso, cuando se está en la búsqueda de esta respuesta, inherentemente se persigue la absolución de la posible responsabilidad sobre una decisión que tomó "el otro".

No hay respuesta absoluta para esta y cualquier otra pregunta que se finque en el "por qué", no obstante, si se podría establecer una verdad histórica que permitiera entender y comprender una situación determinada con la cual reconciliarse y que facilite trasladar esa experiencia a un campo saludable, y en el caso del suicidio para trascenderla y, sobre todo, para tomar un aprendizaje que proporcionara las bases de una propuesta de algunas acciones preventivas que nos brinden mayor oportunidad para evitarlo.

Nada hay escrito sobre la certeza de la vida, pero es deber el intentar preservarla.

El suicidio en adolescentes es un acto muy complejo, un problema social y sus causas son multifactoriales, como lo hemos apuntado y aún, a partir de las generalidades que los diferentes estudios proporcionan, la complicación se encuentra en las particularidades lo que lo hace una tarea más que difícil.

Sin embargo, ¿es posible en este contexto, tener una oportunidad mayor en la detección de señales para prevención del suicidio, si particularizamos una de estas generalidades haciéndola una constante en la que se pueda intervenir para generar condiciones preventivas?

La respuesta es sí.

Por un lado, las generalidades que se pueden enmarcar como resultado de estos estudios por instituciones y especialistas serían, grosso modo:

- Los suicidios están relacionados esencialmente con desórdenes mentales como depresión, esquizofrenia y alcoholismo, entre otros factores.
- En el caso específico de los jóvenes se mencionan causas como el disgusto familiar, relaciones amorosas, bullying y desadaptación, independientemente de alguna patología que estuviera presente ya, y sea o no del conocimiento de los familiares.
- Hay evidencias de una tendencia alarmante en el incremento de los suicidios en jóvenes de entre los 14 y 29 años de edad.
- Se estima que el suicidio infantil aumentó en los últimos diez años, a pesar de la poca confiabilidad de los datos, debido a que su desenlace puede estar relacionado con accidentes o descuidos de adultos y por supuesto a la ocultación del hecho.
- Del total de suicidios el 81.7% fueron consumados por hombres y 18.2% por mujeres.
- Por cada suicidio consumado se estima que hay 20 intentos.

- El lugar donde se produce el suicidio con mayor incidencia es la vivienda del suicida, en segundo lugar, los sitios públicos seguido por algunas otras clasificaciones (escuela, área deportiva, hoteles, etc.).
- El medio recurrente es el ahorcamiento, disparo por arma de fuego, arma blanca, productos farmacéuticos y drogas incluidos los químicos, venenos, saltar de un lugar elevado, entre otros.
- El entorno psico-social.

Y por el otro, que generalmente se habla de la problemática de la sociedad, la educación y la familia como causales del origen del problema y como parte de la fórmula para contrarrestar la preocupante situación de depresión y suicidio en los jóvenes, y aunque esto es cierto, es posible que en su abordaje estemos teniendo la falla para no conseguir los objetivos deseados, por lo que hablar de la problemática social y la familia como plataforma básica para una proposición de detección de señales de alarma con fines preventivos, puede resultar redundante. Pero, ¿si hacemos de este abordaje una proposición a partir de que, dentro de estas generalidades, el entorno de las relaciones humanas o interacciones que rodean al adolescente es una constante no saludable? ¿podríamos detectar señales de alarma en su nivel de bienestar a partir de que la familia y la sociedad sean tratadas como una función, más que una que como una figura de representación simbólicamente abstracta, que no representa la realidad actual en la consciencia de las personas?, ¿qué hablemos más de "entorno familiar" en lugar de "familia" y, "dinámica social" en lugar de "sociedad"?, ¿que a partir de la actuación de los padres o tutores desde su individualidad, se puedan detectar estas señales en estos entornos al colocarlos como actores responsables con nombre y apellido? ¿qué estos tres factores fueran colateralmente el punto de partida para esta proposición?

"La sociedad no es un conglomerado de individuos, es fundamentalmente una red de acciones comunicativas que trabajan con tareas funcionales tales como mantener una continuidad cultural, preservar las leyes sociales legítimas y crear actores competentes" (Habermas).

La sociedad no es un concepto inanimado ni externo a nosotros, es vivo y dinámico, es la resultante de la interacción que tenemos desde que nacemos, donde el yo que soy, el yo que es usted, el otro que es, los otros que son y los demás que formamos el somos, creamos condiciones de convivencia, de existencia, "Un mundo de vida", que reproduce día a día consecuentemente la cultura (usos y costumbres), la sociedad y la personalidad que nos conforman en un ciclo de auto-retroalimentación interminable.

He realizado muchas investigaciones, estudios, trabajos y sobre todo aplicación de soluciones prácticas en programas de salud mental y habilidades para la vida (individuales y colectivas), programas para la prevención del delito, reinserción social, jóvenes y padres durante muchos años, lo que me ha permitido tener una perspectiva muy rica en diferentes aspectos de la problemática de las relaciones humanas en su vida cotidiana, incluido el acompañamiento con personas que han perdido un hijo por suicidio.

En estas experiencias, he encontrado que las personas (padres y/o tutores), en el momento presente del acto, casi siempre, su primera reacción es percatarse de no haberse dado cuenta de un cambio en la conducta de su hijo/a, sin embargo, en estudios criminológicos y de sociología etnográfica que se realizan en el lugar de los hechos y a partir de la reconstrucción del ambiente en que se desenvolvió el suicida, todo parece cobrar forma y tener sentido, no sólo para entender las particularidades del caso, sino la confirmación de la constante en las causas que colateralmente pueden incidir en esta lamentable determinación.

Y si bien es cierto, que nada hay escrito sobre la certeza de la vida, y es deber el intentar preservarla, ningún intento será insuficiente…

La propuesta

Después de estos antecedentes es posible iniciar un proceso de introspección que nos permita plantear una primera plataforma de posibilidades de abordaje, en un intento de detección de las señales de conductas antisociales, depresión y suicidio potencial en los adolescentes, a partir de una herramienta práctica denominada "Padres Bio-Psico Social Mente Responsables" (ver figura abajo), la cual parte de un eje básico: la congruencia del individuo en su actuar desde su individualidad hasta la función que tiene como padre o tutor del o los menores, el entorno familiar y la dinámica social.

**Padres
Bio-Psico Social Mente Responsables**

Adolescente — Dinámica Social — Entorno Familiar — Conducta del Individuo

EJE BÁSICO:

El eje básico está conformado por los elementos de conducta, entorno familiar y dinámica social según se expone a continuación:

¿Por qué la conducta del individuo?

El Ser Bio-Psico Social Mente Responsable (BPSMR) se finca esencialmente en la salud mental del sujeto y como eje principal para su bienestar, esta denominación está fundada en cuatro aspectos principales: El concepto filosófico "Mundo de Vida" el cual se utiliza para realizar investigaciones de cómo el mundo se presenta de forma inmediata ante el sujeto, y sus repercusiones, es decir, "una fenomenología" del mundo; las habilidades para la vida que naturalmente el sujeto tiene: observación, reflexión, análisis, crítica, objetividad, sensibilidad, proposición creativa y de solución (entre otras), y por la otra; la funcionalidad del sujeto a través de sus roles o actuaciones, sus diferentes interacciones, concientización de la manifestación de su individualidad hasta su colectividad y; el impacto que tiene en la vida cotidiana la dinámica social, con lo cual se busca que el sujeto, establezca relaciones exitosas e inteligentes consigo mismo, con el otro, con los otros, los demás y su sociedad.

Este concepto nace y se fundamenta como consecuencia del interés de entender los problemas de las personas a partir de conocer la interacción de la forma en que se relacionan cotidianamente y que ante la descomposición del entramado social, que se ha venido acrecentando en las últimas décadas, denunciado en el discurso del reclamo de justicia y orden social, me llevó a realizar diferentes estudios e investigaciones en las distintas esferas en que los individuos se manifiestan (personal, social, laboral, amoroso, público, etc.) así como en los diferentes ámbitos en que se desenvuelven estas interacciones (organizaciones públicas y privadas, familiares, educativas, sistema penitenciario, instituciones de seguridad, etc.) con la finalidad de establecer si era posible entonces considerar que esta dinámica incidía de forma directa sobre la actitud y salud de los individuos y por ende en su actuación y comportamiento de manera individual y colectiva.

Con estas investigaciones, pude establecer que efectivamente la dinámica social estaba incidiendo y además que más allá de los aspectos psicológicos y psicopatológicos, estos elementos estaban vinculados a un factor de actuación y/o funcionalidad que oscilaba en un 80% como causa de sus problemas, con lo que se puede exponer, entre otros enunciados:

➢ Que las personas generalmente no son conscientes de que un individuo ha de manifestarse en una actuación individual y colectiva en su desenvolvimiento cotidiano, por tanto, su actuación parte de un criterio personal que los coloca en algunas ocasiones en posición de trasgresión o confrontación de las normatividades colectivas.

- Que los principios de educación y formación de las personas se encuentran en una interferencia entre la conducta individual y la colectiva como consecuencia de una deficiencia en la funcionalidad de la familia, así como de las instituciones educativas (redúzcase este punto a la concientización del sujeto del mundo social e individual).

- Que el desconocimiento de las personas sobre la relación e impacto que existe entre las relaciones humanas y la dinámica social, pueden llevarles, equivocadamente, a un juicio erróneo sobre sus capacidades para relacionarse en uno o en varios aspectos de su vida, o incluso a no adaptarse a la sociedad.

- Que el "conocimiento" que poseen para su interacción social es en muchos sentidos superficial, por lo que su desempeño o funcionalidad serán deficientes en las diferentes áreas en las que se manifiestan, debido a la falta del desarrollo de habilidades que les permitan integrarse adecuadamente.

- Que las percepciones negativas que poseen de su entorno, figuras e instituciones, pueden repercutir en su actitud y en muchos casos en su conducta, evitando, en cierta medida, que el sentido de unidad, cohesión y pertenencia social sea parte de sus valores personales.

- Que los "conocimientos" y las "apreciaciones sociales" están incidiendo subjetivamente en el fundamento de sus juicios, lo que no sólo afectará en su vida pública y social, también lo será en su vida íntima y privada, llevándoles incluso a fortalecer la percepción de la "injusticia del mundo" lo que retroalimentará una actitud negativa en un círculo vicioso e interminable.

- Que los sujetos en general se conducen a partir de juicios subjetivos, producto de un conocimiento sustentado en una apreciación personal, quedando supeditados a actuar impulsados indistintamente por un sentimiento o un pensamiento, evitando con ello una conducta estable y congruente.

> Que, a partir de este análisis, se concluye que cierta parte de la sociedad, está teniendo un comportamiento altamente individualista, lo que lleva a una desvinculación sobre las responsabilidades de los acontecimientos que aquejan a la sociedad.

Por tanto, se puede señalar con mucha preocupación, que el sujeto está integrando en sus valores la tolerancia a los actos de corrupción que actualmente se practican en la vida cotidiana, al considerarlos parte ya de una "normalidad", por lo que su conducta se puede regir a través de su beneficio personal sin importar las consecuencias colectivas.

¿Por qué el entorno psico-social?

Otra de las generalidades a la que se hace referencia en la problemática de conductas antisociales, depresión y suicidio son los aspectos psico-sociales y que podemos inicialmente entender de manera enunciativa y no limitativa, a partir de que "El hombre es un ser Social" (Aristóteles) por lo que su desarrollo, interacción y desempeño están relacionados directamente con el medio ambiente en el que se desenvuelve y que formarán parte de la plataforma para el desarrollo de su personalidad desde el ámbito, físico, mental y emocional, debido a que el hombre no solamente es un ser biológico con necesidades de supervivencia, sino de trascendencia, por lo que, como ser social y como resultante de esta convivencia en grupo, desarrollará modos y formas de vida (cultura y sociedad) y que al formar parte de esta sociedad, influirá en su forma de pensar, de sentir y de actuar inherentemente (sin que ello quiera decir que el ser humano no tenga libre albedrío) de manera importante en él, por lo que se puede entender que psico-social se refiere y ocupa del funcionamiento del individuo, tanto en su conducta como en su inserción en la sociedad, en sus diferentes entornos y las relaciones en las que interactúa desde los aspectos sociales.

Las condiciones para el desarrollo de los individuos y acceso a los servicios de previsión social, acceso a la educación y asistencia médica, entre otros, no son equitativas en las sociedades; de modo que los factores económicos repercuten significativamente en las condiciones en que las personas viven.

Todas las condiciones que actualmente podamos tener de nuestra sociedad, las guerras, las catástrofes naturales, enfermedades, discriminación, violación al estado de derecho, la delincuencia, el narcotráfico, la corrupción… y más, son elementos que se encuentran dentro de estos aspectos psico-sociales y que afectan a la salud mental de las personas, situación que ha sido referida y planteada por muchas instituciones.

¿Por qué el entorno familiar?

La realidad en la que las familias actualmente se están construyendo es muy compleja, se han creado incontables estudios, análisis e interpretaciones por los especialistas y las instituciones en diferentes perspectivas para comprender la dinámica familiar, dando como resultado un sinfín de clasificaciones, por lo que lamentablemente ha sido difícil llegar a un consenso que permitiera proponer acciones más eficaces para encontrar soluciones a esta delicada problemática que se vive con los jóvenes, ya que estas propuestas generalmente no integran todo el contexto del universo de las diferentes familias que componen a la sociedad.

Por ejemplo, el Instituto Nacional de Geografía y Estadística (INEGI) refiere que en México, los hogares familiares constituyen la principal forma de organización de convivencia (89.8 por ciento) y que por cada 100 hogares 69 son nucleares (formados por el papá, la mamá y los hijos o sólo la mamá o el papá con hijos); una pareja que vive junta y no tiene hijos también constituye un hogar nuclear; 22 son ampliados y están formados por un hogar nuclear más otros parientes (tíos, primos, hermanos, suegros, etcétera); 1 es compuesto, constituido por un hogar nuclear o ampliado, más personas sin parentesco con el jefe del hogar; 7 son unipersonales, integrados por una sola persona y 1 es corresidente y está formado por dos o más personas sin relaciones de parentesco.

Por otra parte, la Organización Mundial de la Salud (OMS) clasifica a las familias en: familia nuclear (considera que en su círculo sólo entran el padre, la madre y los hijos que viven con ellos, de este tipo hay diferentes acepciones; familia con un solo hijo, familia numerosa tres hijos o más); uninuclear o nuclear simple (matrimonio sin hijos solteros), extensa (con dos acepciones: polinuclear, cuando agrupa varios núcleos familiares o cuando conviven varias generaciones); ampliada (cuando se añaden otros parientes como tíos); agregadas (aquellas parejas que viven juntas pero sin haber formalizado el matrimonio); monoparentales (se da convivencia de un solo miembro que se encarga del cuidado y la educación de los hijos); educadoras (se trata de una persona que realiza una acogida familiar como medida de protección de un menor declarado en desamparo asumiendo la obligaciones inherentes); separadas o divorciadas (aunque siguen siendo monoparentales puesto que uno de ellos tendrá la custodia de los hijos); reconstruidas (se producen por una nueva relación comprendida con otra persona, por uno de los dos o ambos cónyuges, después de una separación o divorcio); homosexuales (relación entre dos personas del mismo sexo); cónyuges solos (se producen en el momento en que se dispersan los hijos o aquellos matrimonios que no tengan hijos); monofamiliares (se dan cuando los hijos son adultos y conviven con sus padres, por longevidad de estos, por falta de recursos económicos, por comodidad, etc.) y; multiproblemáticas.

Y así, podríamos continuar con una lista, no interminable, pero sí muy larga para poder enunciar todos los tipos y clasificaciones que hay, por lo que podemos asentar que efectivamente la transformación en la constitución de la familia es un fenómeno real y que confronta diferentes opiniones e incluso descalificaciones porque rompe los esquemas con que tradicionalmente la sociedad se había conformado, sin embargo, no es el tipo o la clasificación lo que debiera apartarnos de lo verdaderamente importante: la familia o de lo que ahí se engendra, lo importante es que tiene un función en nuestra vida.

Es claro que para la mayoría de las personas no es desconocido el tema sobre lo que representa la importancia y la función de la familia, sin embargo, ¿qué significa esto traducido de aspectos simbólicos a tangibles y concretos de la vida? quizás por ello, no se ha concientizado cabalmente por lo que será necesario hacer la diferencia en que no es lo mismo hablar de "una familia" que de "entorno familiar" porque este es un concepto que por su naturaleza nos permite enunciarlo como una función vital y por lo tanto, podría quedar fuera de alguna clasificación, aceptación o descalificación porque integra la retroalimentación de la dinámica social.

¿Por qué entorno familiar? el entorno es todo aquello que nos rodea y que nos afecta de manera directa o indirecta, desde los aspectos materiales, vivos e inanimados hasta las interacciones (relaciones) que se desarrollan entre las personas que conviven en un lugar determinado, y si del entorno familiar se habla, ahí surge, se desarrolla y se desenvuelve el mundo de vida y que lo coloca como la célula más importante que ha de fincar la sociedad, es decir, el entorno familiar es una partícula del entorno social en general y a partir de este entorno se desarrollarán los elementos con los que el sujeto se desempeñará de manera individual y que a su vez es el resultado y el canal de alimentación de la transformación de la sociedad, en un proceso de retroalimentación permanente y dinámico, de ahí el por qué la dinámica social es una función también en el ciclo de la formación del sujeto.

Por tanto, el entorno familiar es básico en el desarrollo de una persona, dado que su función tiene alcances y consecuencias en tiempo, dimensión y espacio de mediano y largo plazo porque, no sólo representa satisfacer las necesidades fisiológicas, salvaguardar la integridad de los menores, y cualesquiera otras, sino que es hablar de la satisfacción de las necesidades afectivas, consideradas como vitales porque inciden y repercuten en la formación de la personalidad, funciones cognitivas, el deseo y el estado afectivo, asimismo se establecerán las plataformas de vinculación y generación de formas de convivencia que formarán sus patrones, conscientes e inconscientes, para sus conductas, comportamientos y el tipo de relaciones que ha de establecer, tanto consigo mismo, su núcleo familiar y en el social y público.

El entorno familiar constituye el núcleo esencial del "mundo de vida", es la existencia misma, que formará funciones esenciales; sentido de pertenencia, identificación de grupo, el bien común y la solidaridad; su ambiente proporcionará a los menores los tipos y formas para relacionarse y comunicarse como consecuencia de cómo se desarrollen las interacciones en los adultos (saludables, destructivas, dependientes, etc.) y asimilarán este entorno como parte "natural" de la convivencia (violencia, agresión, humillación, respeto, armonía, etc.) y formarán parte de sus usos y costumbres, es decir, hábitos; fincarán su educación, escala de valores, calidad humana, ética, resiliencia (capacidad de afrontamiento), seguridad y autoestima de manera individual y sobre todo, el deseo de una vida llena de esperanza como plataforma para una transcendencia maravillosa.

La Herramienta
Padres – Bio-Psico Social Mente Responsables

Fundamentación

Tenemos ya, de manera general, un panorama de algunos de los factores que intervienen en la transformación de la conducta y comportamiento del hijo adolescente y que pudieran darnos las señales silenciosas que se están gestando, no sólo en el adolescente, sino dentro de los entornos que lo rodean, ahora, a partir de un acercamiento más tangible a las particularidades, que nos permita coadyuvar en la detección de forma preventiva, de la conducta antisocial, depresión y el suicidio, utilizaremos una herramienta para acercarse, conocer y reconocer a su hijo por medio de los entornos colaterales (su autopercepción, la percepción sobre ustedes, su entorno familiar y su ámbito escolar y social) y la observación de los posibles disparadores de las conductas fuera de la generalidad, que sean motivo de atención inmediata.

La herramienta que utilizaremos, es por una parte, una vertiente de un método denominado "**El Transportador 450°**", el cual es el resultado de muchos años de investigación en campo, es un modelo sistemático y estratégico de detección de necesidades para la proposición integral de soluciones, a partir de conocer las competencias y habilidades con las que las personas se desempeñan en un determinado entorno, y el cual tiene sus bases filosóficas, pedagógicas, epistemológicas y de investigación, fincadas en seis principios fundamentales:

- ✓ **Salud Mental** – Discurso expuesto por la Organización Mundial de la Salud (OMS).
- ✓ **Habilidades para la vida** – Discurso de la Organización Panamericana de la Salud (OPS).
- ✓ **Los 4 Pilares del Saber** – Discurso de la Organización de las Naciones Unidas para la Educación, la Ciencia y la Cultura (UNESCO).

- **Gestión del Conocimiento** – Corriente impulsada por la Comisión Económica para América Latina (CEPAL).
- **Acción Comunicativa** – Teoría expuesta por el sociólogo y filósofo Jürgen Habermas.
- **Programa de Desarrollo Integral Personalizado (PDIP)** – Modelo desarrollado por el Instituto Panamericano de Investigación para las Relaciones Exitosas e Inteligentes, A.C. (México).

Y por la otra parte, la práctica del trabajo realizado en la aplicación del programa para padres y el acompañamiento a padres que han transitado por esta dolorosa experiencia.

Suicidio
Las Señales Silenciosas
Guía para Padres

Suicidio

*El suicidio
sólo debe mirarse como una debilidad del hombre, porque
indudablemente es más fácil morir
que soportar sin tregua una vida llena de amarguras.*

Goethe

Suicidio
Las Señales Silenciosas
Guía para Padres

Introducción

*Algún día la ciencia
puede llegar a tener la vida del hombre en sus manos y,
haciendo estallar el mundo,
la especie humana puede incurrir en un suicidio colectivo.*

Henry Adams

El suicidio, por su misma naturaleza y composición ha sido objeto de estudio bajo diferentes perspectivas (filosóficas, religiosas, psicoanalíticas, psicológicas, médicas, sociológicas...) con las que se ha tratado de interpretarlo y construir su concepto a lo largo de los siglos, por lo que exponer el tema de suicidio resulta complejo más allá de su significación misma debido al perturbador origen de este acto.

Actualmente hay una polarización en su discusión, entre la preocupación y la resistencia ancestral de hablarlo abiertamente, aunque las evidencias sobre su práctica y consecuencias son cada vez más palpables. ¿Qué impide que la sociedad, que los individuos se resistan a aceptar esta realidad que se vive cada vez más en la vida cotidiana? ¿Qué necesita la sociedad, el individuo, que pase para romper este silencio y realizar acciones más concretas para atender este problema? ¿Hasta cuándo se entenderá que este evento ya no es tan fortuito y que se tienen niveles de alarma a tal punto de considerársele un problema de salud pública?

Es probable que al ser el suicidio un acto tan temible para todos, nos preocupen y ocupen más sus formas de consumación y las posibles causas que a posteriori se observan y conjeturan, dejamos de observar que esta decisión debió gestarse en algún momento, de una forma silenciosa, en un instante preciso de la vida, porque para morir habría primero que vivir y es justamente ahí, en el día a día, en nuestra vida cotidiana, donde quizá no estamos poniendo atención y este sea el motivo por el que no logramos disponer de más elementos para prevenirlo y, aunque pudiera parecer utópico, aventurarnos a erradicarlo. Ya sea por ello también, que los padres, independientemente de su temor, de manera individual y como padres, se vean imposibilitados de enfrentar esta difícil situación, además de tener el peso de responsabilizarlos de ser uno de los principales actores del origen y solución del suicidio en el adolescente.

Pero, ¿qué hemos hecho por los padres? ¿cómo los estamos apoyando?

De acuerdo con la OMS existen 400 tipos de trastornos mentales. La salud mental tiene muchas amenazas y en el marco del Día Mundial de la Salud Mental, Miguel Gutiérrez, Presidente de la Sociedad Española de Psiquiatría (SEP), expone en una publicación (efesalud.com) un panorama al respecto para lo cual, apunta que, "antes que nada, hay que saber que los trastornos mentales están agrupados en cinco bloques: Trastornos afectivos (depresiones y distimias); Trastornos de ansiedad (fobias, angustias, obsesivos compulsivos, somatización, etc.); Adicciones; Trastornos psicóticos (esquizofrenia, bipolaridad entre otras) y; Trastornos relacionados a la tercera edad (demencias, trastornos del sueño, etc.)". ¿Le parecen conocidos?, ¿los ha escuchado? Seguramente estos temas, en la mayoría de las personas, no están teniendo el suficiente impacto para comprender con mayor puntualidad la gravedad que esto representa a pesar de estar cada vez más relacionados con ellos, sobre todo en el caso de la depresión, que según la OMS "…depresión es un trastorno mental frecuente, que se caracteriza por la presencia de tristeza, pérdida de interés o placer, sentimientos de culpa o falta de autoestima, trastornos de sueño o del apetito, sensación de cansancio y falta de concentración. La depresión puede llegar a hacerse crónica o recurrente y dificultar sensiblemente el desempeño en el trabajo o la escuela y la capacidad para afrontar la vida diaria y en su forma más grave, puede conducir al suicidio".

Las sintomatologías de los jóvenes en el proceso de la adolescencia, representan, incluso para los especialistas, un gran reto porque sus señales o indicios pueden ser muy fácilmente confundidos con otros trastornos, por lo que pueden ser transparentes para la mayoría de los padres bajo la conjetura de que el adolescente los presenta de forma "natural", porque está en la "adolescencia", de ahí que es válido preguntar ¿qué habilidades se están desarrollando en los padres para apoyarlos en esta difícil tarea de identificar los trastornos peligrosos? ¿Con qué herramientas prácticas se pueden apoyar que no sean sólo un discurso?, ¿una motivación?, ¿una exaltación a cumplir sus deberes?

En el tema del suicidio se catapulta generalmente, y muy válida, por cierto, la preocupación del riesgo en la que se encuentran los adolescentes, pero, ¿y qué hay de los padres?

En los programas de padres que hemos aplicado se ha encontrado una preocupante tendencia depresiva, un malestar que va más allá de síntomas o sensaciones, que genera un inquietante cuestionamiento para nosotros: el sentido y el objetivo de su vida personal, ¿cómo pueden ejercer su oficio de padres cuando como personas están transitando con sus propios malestares? Los padres, antes de serlo, son personas, individuos que deberían tener un bienestar propio, porque recordemos que no se puede dar lo que no se tiene.

Hay evidencia suficiente de cómo, por influencia inconsciente los padres transfieren, en su vida cotidiana estos malestares a los adolescentes sumando un factor determinante a la ya de por sí difícil etapa de la adolescencia. (ver tablas siguientes).

SENSACIONES PADRES

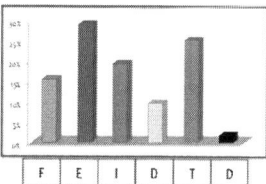

SENSACIONES HIJOS

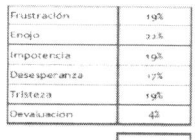
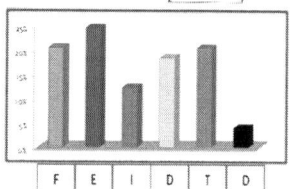

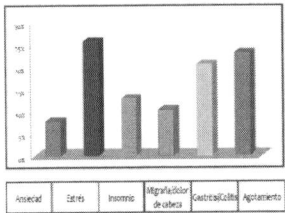 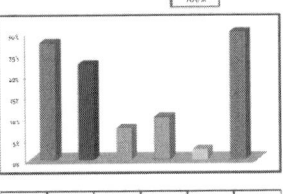

Fuente IPIREI – Adolescentes 254 / Padres 168

Estos datos tienen una gran cantidad de lecturas y esencialmente las observaciones son a partir de los elementos de depresión, sin embargo, hoy, y en razón del por qué a los padres hay que apoyarles, podemos mencionar la dificultad que hay en la comunicación con los adolescentes, ¿por qué? Cuando los padres son rebasados en lograr una comunicación saludable imponen su autoridad, y el silencio en el que el adolescente queda, llena a éste, no sólo de frustración sino de impotencia, y descartando que una vertiente de escape sea la agresión y/o sumisión directa, esta sensación se está integrando a sus características de socialización, donde la empatía será por el aspecto ácido, álgido, rudo y no por la identificación positiva.

Reflexionemos, ¿cómo se están relacionado los adolescentes de manera cotidiana? ¿Cuántas veces nos asombra la forma en lo mal que se tratan? Lamentablemente, en estos trabajos, cuando cuestionamos a los jóvenes del por qué se tratan así de mal, ¿si no sienten feo?, (obviamente en un cuestionamiento desde una perspectiva personal y con los referentes que nosotros tenemos), generalmente contestan, que no, que así se llevan!!!

En un comunicado del centro de prensa de la Organización Mundial de la Salud (OMS) de 2016, se señala en la sección de "Desafíos y Obstáculos", que este tema sigue estando estigmatizado y tratado como tabú porque al parecer la terminología de trastornos mentales y suicidio continúan teniendo un impacto negativo en la práctica de afrontamiento de este problema en las sociedades. Asimismo, se expone un dato interesante, "en los países de altos ingresos, quienes están bien documentados sobre este tema, muchos suicidios se producen impulsivamente en momentos de crisis, que menoscaban la capacidad de afrontar las tensiones de la vida, tales como los problemas financieros, rupturas de relaciones o los dolores y enfermedades crónicas", lo que nos indica que si bien es cierto que hay factores externos, como el nivel socioeconómico entre otros, como "personas" estamos teniendo dificultades en nuestras vidas.

¿Salud Mental? ¡Si no estamos locos! Efectivamente, no estamos locos, pero si estamos ante un proceso de deterioro en la calidad de vida que pone en entredicho factores mentales y emocionales como origen de las enfermedades denominadas "los males de la modernidad", llamadas así, por existir una correlación entre las condiciones de vida que actualmente se tienen, con el malestar físico de los individuos, sus conductas, comportamientos, e incluso, con su actitud hacia la vida, con el medio esencial de convivencia del ser humano; las relaciones humanas, situación expuesta por Juan C. Pérez Jiménez cuando apunta: "La evolución de la tasa de suicidios en el mundo, y en los distintos territorios particulares, puede interpretarse como un indicador general de la evolución de la calidad de las relaciones humanas y el nivel de apego a la vida de cada población concreta". Ante esta afirmación cabe preguntar: ¿en qué nivel se están desarrollando nuestras relaciones humanas? ¿En qué tipo de relaciones se desenvuelven las de los padres?

¿Conocen o ustedes padecen alguna de estas enfermedades?: migraña, gastritis, colitis, hipertensión, diabetes, colesterol, obesidad, adicciones... ¿saben de alguien o ustedes se sienten, estresados, con insomnio, agotados, deprimidos? Es más, ¿reconocen estas sensaciones?: enojo, frustración, angustia, devaluación, dolor, tristeza, desesperanza, apatía... ¿cuántas de ellas están constantemente presentes, tanto en ustedes o en la gente que les rodea?

Exponer el tema de salud mental sin que cause un impacto de reserva y cautela en las personas no es sencillo, ¿por qué?, porque lamentablemente el término de salud mental se relaciona generalmente con problemas psiquiátricos y psicológicos, por tanto, por una cuestión de idea cultural, casi siempre es rechazado, sin embargo, habrá que introducirse más a este concepto para comprenderlo y poder incluso, tomar acciones concretas sobre ello a partir de una perspectiva humanística.

Como lo señalan los especialistas en el campo de la psiquiatría, al principio se pensó que los síntomas de trastorno mental eran alteraciones de las diferentes facultades mentales, actualmente sabemos que la mente no es un conglomerado de funciones o facultades aisladas, más o menos diferentes e independientes, como la memoria, la voluntad, la asociación, etc. estos son simplemente nombres convenientes para designar los grupos de procesos mentales, no son más que aspectos diferentes de un proceso integral, la mente es una función integral del organismo y no puede ser dividida en componentes.

Tal vez no hay fase de estas materias (psicología y psiquiatría) que haya originado tantas discusiones y disputas como la que se relaciona con las causas y naturaleza de los trastornos mentales, por el énfasis que en la educación médica se da a la bioquímica, a la anatomía patológica y a otras ciencias objetivas e impersonales, es natural que la ciencia médica, al enfocar los trastornos mentales, trate de emplazarlos en la misma categoría de las enfermedades orgánicas y busque sus causas utilizando las mismas ciencias, pero, ¿y si el factor dinámico de la sociedad alterara el bienestar emocional de las personas a tal punto de provocar una serie de somatizaciones y/o conductas, comportamientos y actitudes negativas de origen mental y emocional?

Si partimos, por un lado, del hecho de que la transformación en las sociedades ha sido vertiginosa a partir de los adelantos tecnológicos, cambiando radicalmente los usos y costumbres en las culturas del mundo, y por el otro, que el ser humano, en el curso de su evolución, desarrolla diversos mecanismos por medio de los cuales puede adaptarse a las condiciones vitales que encuentra, ¿podríamos entonces, pensar que este proceso de adaptación no ha sido actualmente suficiente para enfrentar las nuevas condiciones?, ya Erich Fromm, en 1968, vislumbraba una problemática sobre este particular: "Un espectro anda al acecho entre nosotros y solo unos pocos lo han visto con claridad, no se trata del viejo fantasma del comunismo y del fascismo, sino de un nuevo espectro; una sociedad completamente mecanizada, dedicada a la máxima producción y al máximo consumo material y dirigida por máquinas computadores... el hombre mismo, bien alimentado y divertido, aunque pasivo, apagado y poco sentimental, está siendo transformado en una parte de la maquinaria total".

Si continuamos con esta reflexión, ahora pregúntense, ¿cómo se desenvuelven sus y las relaciones personales, sociales, laborales, familiares en su entorno? ¿Satisfactorias? ¿O se sienten ustedes atrapados, desafortunados...? ¿Se han puesto a pensar qué hacen y qué sienten cuando se enfrentan a un conflicto? ¿Cuánto tiempo hace que no se sienten plenos, entusiastas de manera regular? ¿Cómo reaccionan las personas y usted ante una situación de conflicto propio o de otras personas?

¿Y si estas complicaciones fueran también, esencialmente, el producto de una falta de habilidades para la vida ("Bio-Psico Social Mente Responsables") que permita su resolución?

Ser una persona feliz no es cuestión de suerte, es el resultado de una serie de elementos que intervienen desde la formación y desarrollo personal, por tanto, el desarrollo de las habilidades requeridas para enfrentar los obstáculos y conflictos de la vida cotidiana, ya no deberán pensarse solamente como un problema de origen psicológico o fisiológico, sino que estos problemas pueden ya también pensarse como consecuencia de esa falta de habilidades para la resolución de conflictos (afrontamiento) de la vida cotidiana en el proceso de cambio y transformación de la cultura, que está teniendo una repercusión muy preocupante en la capacidad de resiliencia individual y colectiva.

Durante mucho tiempo se definió a la salud sólo como la ausencia de enfermedad; sin embargo, este concepto era limitativo, ya que sólo tomaba en cuenta a los factores biológicos, dejando de lado a los otros factores (mentales, emocionales y socioculturales), que hoy día sabemos que también intervienen en la salud. Así, en el año de 1946 la OMS reconsidera la definición de salud y adopta la elaborada por Andrija Stampar: "el estado de completo bienestar físico, mental y social y no solamente la ausencia de afecciones o enfermedad". Esta última definición nos acerca a un concepto un poco más amplio, ya que: "Ni la salud física, ni la salud mental pueden existir solas. El funcionamiento de las áreas mental, físico y social están estrechamente relacionadas y son interdependientes" (OMS, 2004). Es por ello que la salud mental deberá comprenderse más allá de la simple ausencia de trastornos mentales.

A partir de 2001 la OMS define la salud mental como: "Bienestar que una persona experimenta como resultado de su buen funcionamiento en los aspectos cognoscitivos, afectivos y conductuales y, en última instancia el despliegue óptimo de sus potencialidades individuales para la convivencia, el trabajo y la recreación" y considera, además (2011) a la salud mental como: "un estado de bienestar en el cual el individuo es consciente de sus propias capacidades, puede afrontar las tensiones normales de la vida, puede trabajar de forma productiva y fructífera y es capaz de contribuir a su comunidad". En un informe presentado por la OMS en el 2004, se expresa que "al reconocer que la salud es un estado de balance, incluyendo el propio ser, los otros y el ambiente, estaremos ayudando a que las comunidades e individuos entiendan cómo buscar su mejoramiento".

Por tanto, si la salud mental es un factor que afecta al individuo en su vida personal, familiar, profesional, social... podemos inferir que esta compleja dinámica bio-psico social está incidiendo directamente en el ser humano, desde su individualidad hasta en la forma con la que se está relacionando con su mundo colectivo al estar integrando conductas y comportamientos que están confrontándose en sus fondos y formas, frente a las adversidades que enfrenta en su vida y que es por ello que hoy el concepto Bio-Psico Social es insuficiente para responder a las nuevas demandas de la vida cotidiana y que tendríamos que integrar a este concepto las habilidades naturales del hombre a partir de una perspectiva humanística que proporcione a los padres una herramienta de cambio de fondo en una transformación de su Ser en su hacer.

Considérese a manera de ejemplo de esta necesidad de integración humanística, el siguiente testimonio recogido en una de las encuestas realizada durante la aplicación de los programas para padres:

"No había pensado tanto desde hace mucho tiempo, me ha dolido la cabeza y he tenido muchas horas de inquietud, le puedo decir que hasta de preocupación, no había visto que mi hijo es un espejo mío y no me gustó lo que vi. Me di cuenta que mi vida no es atractiva, ni siquiera para mí, y debo confesarle, que ni siquiera tenía idea de que la sociedad tuviera un impacto tan grande en la vida, que no me está siendo fácil aplicar las herramientas que nos ha dado, es difícil, es muy difícil aceptar que yo tengo un problema"

Nombre

En las encuestas realizadas en los programas para padres podemos encontrar muy variadas opiniones, todas muy valiosas y sobre todo enriquecedoras, pero cuando alguien puede decir algo como esto, se renueva el compromiso y esfuerzo para lograr el objetivo de preparar a los padres en este difícil oficio.

Suicidio
Las Señales Silenciosas
Guía para Padres

Un Panorama General

Sobrevivir,
es la forma más lenta del suicidio cuando se tiene el alma enferma...
Anónimo

El suicidio ha sido considerado en nuestros días como un problema de salud pública al nivel mundial como lo reconoce la OMS en su informe mundial "Prevención del Suicidio: un Imperativo Global" publicado en 2014, habiéndolo categorizado en 2008 como una de las condiciones prioritarias del programa de acción para superar la brecha en salud mental y, lo incluyó en el Plan de Acción sobre Salud Mental (2013-2020), como un compromiso de trabajo para alcanzar en 2020 la meta mundial de reducir las tasas nacionales de suicidios en un 10%, a partir de que en 2012 esta organización, señalaba que en algunos países el suicidio era una de las tres primeras causas de defunción entre personas de 15 a 44 años, y la segunda causa en el grupo de 10 a 24 años, y aunque tradicionalmente las mayores tasas de suicidio se habían registrado en varones de edad avanzada, las tasas entre los jóvenes iban en aumento hasta tal punto, que este grupo era el de mayor riesgo en un tercio de los países, tanto en el mundo desarrollado como en el mundo en desarrollo, haciendo un claro hincapié sobre que estas cifras incluían las tentativas de suicidio, que son hasta 20 veces más frecuentes que los casos de suicidio consumado.

La OMS ha expuesto también que "en todo el mundo es insuficiente la disponibilidad y calidad de los datos sobre el suicidio y los intentos de suicidio, que solo 60 estados miembros disponen de datos de registro civil de buena calidad que se pueden utilizar directamente para estimar tasas de suicidio, que la calidad insuficiente de los datos sobre la mortalidad no es un problema exclusivo del suicidio, pero dada la sensibilidad de este fenómeno y la ilegalidad de las conductas suicidas en algunos países, es probable que la sub-notificación y la clasificación errónea de casos sea un problema más significativo en lo que respecta al suicidio que a otras causas de defunción", un dato relevante sobre el tema es el hecho que el 75% de todos los suicidios se producen en países de ingresos bajos y medianos, por lo que esta información ha provocado un cambio en el paradigma en los estudiosos del tema, debido a que esta tendencia ya no está más focalizada en países en desarrollo, de hecho existen evidencias que en países considerados desarrollados ya existe este fenómeno. No sólo es cuestión de aspectos materiales, intelectuales o sociales, es cuestión de personas.

Por otro lado, el Centro de Información de las Naciones Unidas (CINU), con motivo del Día Mundial para la Prevención del Suicidio, presenta datos sobre la situación mundial de tasas de suicidio (Map of suicide rates), que proporcionan un panorama no muy alentador por el incremento de este hecho. Los datos indican que, en los últimos 45 años, la tasa mundial de suicidio aumentó un 60% y que cada año, alrededor de un millón de personas muere por esta causa. En algunos países, se ha colocado como una de las tres principales causas de muerte, se menciona que la depresión y los problemas relacionados con el alcohol son el factor de riesgo mayor en Europa y Estados Unidos, mientras que la impulsividad juega un papel importante en los países asiáticos, sin dejar de mencionar que el suicidio es una consecuencia compleja de diversos factores psicológicos, sociales, biológicos, culturales y de entorno.

Asimismo, el International Journal of Psychological, en el documento "Panorama Actual del Suicidio: Análisis Psicológico y Psicoanalítico" de 2008, hace mención sobre el suicidio colocándolo como una realidad determinada por el momento histórico-social y por la capacidad que cada sociedad tiene frente a este drama. Hace referencia a la OMS y la Organización Panamericana de la Salud (OPS), en el sentido que este fenómeno es responsable de más muertes al año que las producidas anualmente por el conjunto de todos los conflictos bélicos que asolan el planeta. Estas organizaciones consideraron que en el año 2000 se produjo una muerte por suicidio cada 40 segundos y un intento de suicidio cada 3.

En España, por ejemplo, El Mundo de España, publica las cifras que reporta el Instituto Nacional de Estadística (INE) en las cuales destacan; 3,870 suicidios en 2013, un 22% más que en 2010, situando esta cifra como la más alta de los últimos 25 años y colocándola como la causa principal de defunción no natural en España, delante de los accidentes de tránsito: por cada muerto en carretera hay dos suicidas.

Por su parte, en México, El Instituto Nacional de Estadística y Geografía (INEGI) en su publicación con motivo del Día Mundial para la Prevención del Suicidio del 8 de septiembre de 2015, señala: "El suicidio es un fenómeno global que sucede en todas las regiones del mundo y en el transcurso de vida". Reporta que en 2013 se registraron 5909 suicidios, que representan 1% del total de muertes registradas, colocándose como la décima cuarta causa de muerte y presentando una tasa de cerca de cinco por cada 100 mil habitantes.

Asimismo, el 40.8% de los suicidios ocurren en jóvenes de 15 a 29 años. Entre ellos, la tasa alcanza 7.5 suicidios por cada 100 mil jóvenes; el ahorcamiento, estrangulamiento o sofocación son los principales métodos de suicidio (77.3%) y el principal lugar donde ocurren los decesos es dentro de la vivienda particular (74%).

Diferentes especialistas, como la doctora Hilda Marchiori, han expuesto la tendencia de crecimiento del suicidio, que al mismo tiempo deja una gran interrogante cuando expone: "Si bien es cierto que los mayores índices de suicidio se registran en adultos de mediana edad, se ha observado un aumento sumamente significativo en edades determinadas de la vida, esto es en adolescentes y ancianos. También se observan con enorme angustia, casos de suicidios en niños".

¿Por qué los jóvenes toman esta decisión? ¿Qué pasa en su interior, en su realidad que este mundo no les brinda las ilusiones y sueños naturales de su edad?

Veamos el testimonio siguiente:

"Aldo: no soporto la idea de saber que ya no me quieres, no entiendo ¿por qué?, trato de no enojarme, de ser linda, de arreglarme y gustarte, pero no alcanzo a darte gusto, no soporto verte con otras. Mamá y papá: yo tampoco pude ser feliz en una relación como ustedes, perdónenme, pero prefiero irme antes de seguir viviendo en este infierno."

Nombre

Esta carta póstuma pertenece a una madre que buscó ayuda en IPIREI después de que su hija se había suicidado, poco tiempo después, el padre se incorporó al programa integral del instituto.

Cuando de amor y sus relaciones se trata, generalmente los jóvenes son enjuiciados severamente al ser objeto de cuestionamientos como la falta de compromiso, violencia e irresponsabilidad, cuestionamientos que hoy bien valdría la pena reflexionar con mayor cuidado, porque se habla de esto como si fuera un problema privativo en ellos, causado por factores externos como consecuencia de una descomposición social, cuando la realidad es que la vivencia del amor en los adultos no es muy distinta a la de ellos.

¿Amor? ¿Leyenda urbana? ¿Cómo descubren los jóvenes el amor? Los jóvenes descubren el amor, de manera enunciativa más no limitativa, en tres formas distintas, la primera; la que naturalmente se da en la convivencia entre ellos donde de pronto descubren que hay algo en ese otro que les llama la atención, que les inquieta, les roba sus pensamientos, su imaginación vuela y crean un mundo color de rosa, tienen una gran necesidad de estar cerca de ese otro; la segunda, es la fantasía con la que se presenten los estereotipos del amor que social y culturalmente se estén significando (en cualquiera de sus medios; electrónicos, televisión, revistas, etc.) y que llenan su mente generalmente de un mundo inalcanzable o irreal; la tercera, y probablemente la más contundente, es la forma en que sus padres viven el amor porque procede de la práctica real, diaria y que rompe o incrementa cualquier idea o deseo preconcebido, no importando la situación conyugal en la que se encuentren, su relación es la tangible y palpable ante los ojos de sus hijos.

En el caso del padre ausente, habrá que considerar que el padre educa también en la ausencia, y que será necesario, y motivo de otra exposición, que se hable de la responsabilidad en las relaciones de pareja y por supuesto de padres como funciones más que figuras. La madre y el padre más que figuras, son funciones en nuestra vida, porque más allá de enseñarnos representan la cosmogonía del mundo.

¿Cómo viven los padres el amor de pareja frente a sus hijos? Es menester aceptar la realidad del trato en las relaciones de pareja que entre los padres se está llevando a cabo, porque más allá de la problemática de los padres del adolescente, el no encontrará mucha diferencia entre la forma de la relación en sus padres a la de sus amigos, conocidos, del mundo social en el que se desenvuelve, donde escucha, ve, observa, sabe de relaciones destructivas, dependientes, envueltas en la violentación física, mental o emocional, por lo que su conocimiento del amor no es un encuentro muy inspirador, dejando una encrucijada en ellos; la vivencia del amor en su entorno familiar no es saludable y tampoco el del mundo social. El amor no hace felices a las personas… La información no es formación, el amor también es una función en nuestra vida. ¿Puede el internet suplir la realidad del amor por una idea del amor?

¿Qué otros aspectos de la vida cotidiana están involucrados en esa convivencia diaria, a partir de la forma en que se relacionan los padres y se expresan del mundo y que estén también quebrantándose en su percepción y que puedan distorsionar los principios reales de los fundamentos de la cualidad humana?

¿Cómo vive un joven esta experiencia y qué efectos tiene en su desarrollo? ¿En sus decisiones?

La salud está rebasando los parámetros tradicionales del campo de la medicina, psiquiatría y psicología, ya que el tratamiento de los desórdenes de la salud no sólo está enfrentándose a comprender el origen de las enfermedades psicosomáticas, hoy día se encuentran ante un gran reto, las enfermedades "bio-psico-sociales" que muestran alteraciones en la percepción de los individuos, que afectan directamente su capacidad de sentido de vida (pertenencia, identificación, resolución y adaptación), y que se evidencian en sus conductas y comportamientos que cuestionan claramente su salud mental, tal como lo señala el Instituto Nacional de Psiquiatría, Ramón De la Fuente Muñiz: "la prevalencia de trastornos mentales aumentó 30% en las últimas tres décadas, lo cual se ha reflejado en que la cifra de suicidios se haya triplicado entre 1990 y 2011".

Como podemos observar el fenómeno del suicidio está rompiendo cualquier frontera o criterio sobre las posibles causas que lo fecundan, debido a la experiencia y circunstancias en que éste se está generando, podemos afirmar que las relaciones humanas están teniendo una preocupante influencia en la misma humanidad que somos.

Suicidio
Las Señales Silenciosas
Guía para Padres

Una Reflexión

El único problema filosófico verdaderamente serio es el suicidio.

Albert Camus

Hasta hoy, generalmente las discusiones tratando de entender el fenómeno del suicidio casi siempre se enfocan ubicando su origen a partir de las fallas en los sistemas que estructuralmente constituyen a las sociedades, es decir, las construcciones socio-cultural-político-económicas, etc., en las que se desenvuelven y desarrollan las sociedades; se ha hablado también del entorno bio-psico-social que paralelamente surge de manera particular en cada una, incluyendo los famosos efectos de las sociedades modernas, en un esfuerzo por comprender la problemática y encontrar soluciones que permitan contener y detener el fenómeno, sin embargo, ¿por qué buscar la respuesta solamente en el "gran logro" del hombre que ha sido la evolución en su sociedad y civilización? ¿Por qué no buscarla también en quien ha edificado tal modernidad? Erich Fromm hace un cuestionamiento profundo sobre ello cuando dice: "¿Cómo fue que ocurrió? ¿Cómo llegó el hombre, en la cúspide de su victoria sobre la naturaleza, a ser el prisionero de su propia creación y a estar en grave peligro de destruirse a sí mismo?"

Entonces, ¿Por qué continuar tratando de resolver un problema solamente desde estas perspectivas? ¿Por qué insistir en solucionar una circunstancia que no solo es privativa del mundo exterior, que también es un asunto de cualidad humana? ¿Será entonces que es debido a que no solamente se requieren técnicas y sistemas para resolver el suicidio, que no se alcanzan los objetivos para superarlo?; ¿qué hay de las cualidades humanas que son inherentes a la naturaleza del ser humano?, finalmente, individuo y sociedad son uno mismo.

La libertad, es un derecho, pero no lo es vivir fuera de la sociedad, del orden de las cosas, ente individual y colectivo en un todo. Allí, justamente en la sociedad es donde se unen el principio y el fin, donde cohabitan y se nutren inalterablemente. No hay nada en esa sociedad y sus problemas que no estén engendrados en la individualidad.

Y, ¿si se integrara al Ser humano como eje nodal para la transformación y cambio, no importando a qué tipo de sociedad pertenezca, ni su raza, color, credo o condición? Finalmente, el Ser humano es Ser humano en cualquier lugar, tiempo y circunstancia.

Esta interrogante es sumamente delicada ya que no está fincada sobre una "circunstancia" o un "otro" como responsable de un malestar que deteriora fehacientemente el bienestar del hombre, porque está fincada en Mí, Usted, el Otro, los Otros de forma individual, uno a uno, con nombre y apellido y particularmente en cómo es que estamos viviendo la vida.

Es vital que se inicie un proceso de profunda reflexión sobre la vida personal, ¿cómo nos sentimos? ¿Qué nos levanta? ¿Tenemos sueños que alimentan el despertar? ¿Qué nuevas cosas estamos haciendo y aprendiendo? ¿Cómo se desenvuelven nuestras relaciones día a día? ¿Cómo nos conducimos?, parece ser que uno de los aspectos más críticos sobre la situación de la problemática social es tener una inspiración negativa de la vida, sino, preguntémonos, ¿cómo trascurre la vida desde el amanecer hasta el anochecer? Nos levantamos, convivimos y nos dormimos en la queja, frustración, desencanto, preocupación... en el mejor de los casos en la crítica y demanda hacia el otro o los otros sobre lo que pasa, aunque unos de los más preocupantes aspectos de la problemática son la tristeza, apatía, desesperanza...

Parece ser que el hombre debe volver a sus orígenes, en los que pudo fincar la construcción del mundo presente, para lograr una comunión nuevamente consigo mismo y con su esencia, porque si bien es cierto que el hombre ha alcanzado logros insospechados desde los tiempos primitivos, cuando fue capaz de transformarse al desarrollar su capacidad de abstracción mental, razonamiento, reflexión y lógica y, pudo, no solo encontrar soluciones y mejores formas para conseguirlas, sino que se hizo consciente de su pensamiento, tuvo consciencia de sí y del mundo y lo conquista, no sólo en los meros aspectos materiales porque "Él quiere no sólo saber lo que se necesita para sobrevivir, sino comprender qué es la vida humana... y quiere utilizar las facultades que ha desarrollado en el proceso de la historia, las cuales le sirven más que el proceso de la mera supervivencia biológica" (Erich Fromm).

Y para ello es preciso plantear dichos malestares del Ser humano bajo una perspectiva humanística, de manera práctica y tangible, porque dice el filósofo Malebranche, "Entre todas las ciencias humanas la del hombre es la más digna de él. Y, sin embargo, no es tal ciencia, entre todas la que poseemos, ni la más cultivada ni la más desarrollada. La mayoría de los hombres la descuidan por completo y aun entre aquellos que se dan a las ciencias muy pocos hay que se dediquen a ella, y menos todavía quienes la cultiven con éxito".

Indiscutiblemente, no existe un manual de la vida, pero lo cierto es que, el que trasciende a su descendencia lleva sobre sus espaldas la responsabilidad de la experiencia de una vida "vivida" (valga el pleonasmo), pero, ¿cómo se trasciende la experiencia de la vida? ¿Viviendo plenamente en un alto sentido de la vida misma y sus matices? ¿O con la frustración y desesperanza ante la forma en que se vive? ¿Con el discurso o con la práctica?

¿Cómo es la vida del hombre? ¿Cómo es nuestra vida? ¿Qué estamos dejando a las nuevas generaciones?

Veamos otro testimonio:

(*) "Papi y mami: solamente les kiero decir y recordar lo mucho que los kiero, pero a mí no me gusta continuar con esta vida así que he decidido dejarlos. Los amo, gracias por haberme dado un hogar, pero desafortunadamente me pasan cosas ke ustedes y los demás no supieron explicar y ni entenderme, varios no supieron valorarme, más sin embargo hoy me voy para bien y le evitaré problemas. Mamá: no maduré por más que lo decías, no lo hice. T.K.M. Papá: no crecí, no soy feliz, adiós. T.K.M. y demás: gracias. Atte. *Fecha, Nombre y Firma*

(*) Carta del libro "El Don y la Palabra" – Dr. Víctor A. Payá, Lic. Víctor Gómez Patiño y Maestra Wendy Nicolasa Vega.

Esta carta es realmente contundente en la claridad de su mensaje, no sólo en cuanto a los aspectos que normalmente los especialistas interpretan, sino porque se puede cuestionar otra perspectiva, con otro factor que nos permitiera exponer la forma en que muy probablemente se estén llevando a cabo las relaciones familiares y que muestran algunos de los aspectos de cómo la "comunicación" entre padres e hijos se desarrolla.

Esta comunicación puede estarse enmascarando en la "superficialidad", ocultando las señales silenciosas que se volverán interrogantes en los padres cuando enfrenten una situación como esta, porque su reflexión primaria será que "todo estaba bien" y que tenían una "buena comunicación". Aquí es donde el discurso y la práctica nos muestra crudamente que las cosas no son como parecen.

Es verdad cuando los padres dicen que "tenían una buena comunicación" con sus hijos, el problema es que la verdad muchas veces no concuerda con la realidad. ¿Por qué la realidad haría la diferencia en esta verdad o cualquier otra en la vida?

Usualmente las personas manejan el sentido de la verdad bajo una de sus concepciones, porque hemos de saber que la verdad tiene muchas connotaciones, recordemos que de modo popular siempre se dice que "la verdad es subjetiva" o "que cada uno tiene su propia verdad", sin embargo, y para los efectos de este enfoque, la verdad en el sentido práctico de la vida cotidiana generalmente es usada a partir del "deber ser", por ejemplo:

Sabemos que todos los padres "deben ser", amorosos, protectores y responsables con sus hijos; que las personas "deben ser" honestas, decentes y trabajadoras, pero la "realidad" es que no todos los padres son así ni las personas tampoco. Por consiguiente, pesa más la realidad que la verdad porque la primera procede de un hecho o acto contundente.

Es verdad que los padres se comunican con los hijos y los hijos con sus padres, pero, ¿qué tan real es su comunicación?, un ejemplo sencillo sería reflexionar sobre la respuesta que el hijo suele dar ante la pregunta diaria de los padres: ¿cómo estás?, a la que el adolescente contesta normalmente: "bien, estoy bien", pero los padres no ahondan en la respuesta, ¿por qué está bien? ¿Qué sucede en su vida que lo tiene "bien"?

Cuando se profundiza en las respuestas, no sólo se da la comunicación, sino que se puede iniciar el diálogo para que dos personas compartan sus experiencias y brinden los elementos que hacen que esas dos personas se conozcan, que compartan a partir de saber qué está pasando en su mundo individual y el entorno en el que se desenvuelven.

La vida moderna ha transformado mucho más que la apariencia del mundo, está trastocando cualidades humanas que ponen en peligro las relaciones humanas y que no son cuestión de técnicas aplicadas en el desempeño de la vida, porque ésta está fincada en la esencia de las cualidades humanas.

¿Será por ello que hoy el Internet puede fácilmente considerarse como algo "esencial" de la "vida"? ¿Qué los medios de comunicación, en cualquier forma, tienen una gran responsabilidad en el papel que juegan por ser una función? ¿Qué todos tenemos esa responsabilidad?

¿Será que tendremos que hablar de la muerte y no de la vida para *entender esta muerte que "aparentemente" no tiene sentido?*

Suicidio
Las Señales Silenciosas
Guía para Padres

La muerte en la vida del hombre

*La muerte no nos roba los seres amados.
Al contrario, nos los guarda y nos los inmortaliza en el recuerdo.
La vida sí que nos los roba muchas veces y definitivamente.*

François Mauriac

Suicidio
Las Señales Silenciosas
Guía para Padres

La muerte en la vida del hombre

> ¡Ah, hoja insensata!
> ¿A dónde quieres ir, pues, y de dónde podrían venir las otras hojas?
> ¿Dónde está esa nada, cuyo abismo temes?
> Reconoce tú mismo ser en esa fuerza íntima, oculta, siempre activa, del árbol, que a través
> de todas sus generaciones de hojas no es atacada ni por el nacimiento ni por la muerte.
> ¿No sucede con las generaciones humanas como con las de las hojas?
>
> **Arthur Schopenhauer**

Uno de los pocos preceptos que pueden identificar a la humanidad universalmente es su actitud y comportamiento ante el suceso de la muerte desde el inicio de los tiempos en la consciencia del hombre. No importa en qué momento de la evolución de su historia esté ni el origen de su cultura, incluso ni en el contraste de sus creencias religiosas se albergarán principios para hacerlos diferentes. La muerte simbólicamente tiene un sentido universal en él; el temor a lo desconocido que le muestra su pequeñez y su finitud en este mundo terrenal y el dolor que representa la ausencia del ser querido por tener consciencia de lo que significa el amor.

Esta misma conciencia le ha llevado a descubrir que no sólo es un ser vivo, es un ser que contiene en sí mismo una esencia más allá de los aspectos materiales, es un ser que posee cualidades que le transforman porque lleva en sí mismo las virtudes que lograrán liberarlo de su imperfección para trascenderlo.

Es igualmente esta capacidad la que le ha brindado las habilidades para soportar las vicisitudes de la vida y afrontarlas, ha aprendido que la vida tiene un significado más allá de su partida final o la de sus seres queridos porque "el amor es la compensación de la muerte, su correlativo esencial: se neutralizan, se suprimen el uno al otro" (Schopenhauer), este desarrollo de habilidades no es sólo a partir de su individualidad, el hombre, al ser un ente que vive en sociedad, habría de desarrollarlas también en su interacción social y las cuales surgirán naturalmente en esa coincidencia universal a través de comprender al hombre ante el dolor de su pérdida, esto hará que los hombres se unan en solidaridad no sólo en el acto mismo de la muerte sino del proceso de restructuración, de cambio, que inherentemente habrá en la vida del hombre y su comunidad como lo señala hermosamente la sabia mitología de la India que expresa; "nacimiento y muerte pertenecen igualmente a la vida y se contrapesan. El uno es la condición de la otra. Forman los dos extremos, los dos polos de todas las manifestaciones de la vida".

Es por ello que no sólo se trata de la muerte o de la vida, sino de la existencia de un ser que, en la ausencia de su materia, perdura en la consciencia de lo que fue su ser y hacer y de lo que se hizo con ese ser y de cómo la vida se transforma en una continuación perpetua de un presente con el ayer. Porque no sólo se trata del dolor que causa y deja la muerte de ese ser, sino de la valoración de la esencia de la vida para vivirla intensamente, despojados del temor para entregarse a la dicha de sentir la vida fluir en nuestro hacer diario con nosotros mismos, con el otro y con los demás, para que entonces morir tenga un sentido que llene de unidad aún después de la muerte.

¿Qué sentido tiene la muerte cuando la vida no es plena? La interrogante mayor que deja un suicidio en un adolescente es desconocer la causa que le motivó para tomar una decisión tan contundente ante lo que la mayoría de las personas discursa: "la vida es bella".

Las condiciones de la vida moderna están jugando un papel decisivo, la tecnología representa un gran avance y en teoría es otro de los elementos que sirven para facilitar la vida del hombre, pero, ¿la facilita o la esclaviza? Todo en exceso es dañino, y en la forma en que estamos estableciendo nuestras relaciones e interacciones, que ya no se sabe si decir humanas o tecnificadas, debido a la gran influencia y participación de la tecnología y los medios, y que ahora deba decirse relación yo, el medio tecnológico y otro, donde ya las relaciones ¡son de tres! un ser vivo, uno inanimado y otro vivo, ya no, un tú y yo, ¿cómo pueden establecerse entonces las relaciones humanas? ¿Cómo se nutren los lazos afectivos?

Aquí no se trata de cuestionar ni siquiera si los contenidos, si la influencia puede ser saludable o dañina, responsable o no, esa perspectiva se está agotando, y se está agotando porque, aunque su discurso es válido, no nos hemos puesto a reflexionar en lo verdaderamente importante; el impacto de esta triangulación para establecer las *relaciones humanas.*

Las relaciones o interacciones humanas tienen una función en nuestra vida, desde que nacemos hasta que morimos, y entre otras funciones, es la creación de afectos, de lazos que nos identifican, que nos dan la conciencia de la existencia palpable, de la vida, de los sentimientos, de sentido de pertenencia al grupo, al mundo, ¿podemos hablar de afectos saludables en los hogares? ¿En nuestras vidas?

Por lo que, ¿si como seres humanos está en nosotros, como característica innata, la capacidad de sentir, de amar y, que, al vivir más hacia el lado negativo de la humanidad que somos, al no tener contacto con nuestro lado positivo humano, una idea sea más fuerte que el sentir? ¿Que una cualidad humana?

La humanidad es eso, humanidad, tenemos aspectos negativos y positivos, y precisamente es por ésa humanidad que podemos vivir en la consciencia del equilibrio, con nuestro blanco y nuestro negro, porque la realidad de nuestra humanidad no es vivir siempre en la luz, pero tampoco lo es vivir en la oscuridad, y lo sabemos porque como seres humanos sabemos del amor y la esperanza.

¿Será por ello que el Internet tiene la misma o más influencia que el amor de los padres en los adolescentes? ¿Qué su decisión va de manera inconsciente en la búsqueda del sentido natural de la vida porque su vida presente no le sostiene en la total humanidad que es?

¿Cómo se vive entonces la pérdida (duelo)? ¿En las ideas? No, en las realidades de la vida, en lo palpable y en lo concreto, en lo individual y lo colectivo en una experiencia humana.

Suicidio
Las Señales Silenciosas
Guía para Padres

El Duelo

*Cuando te sientas dolorido,
mira de nuevo en tu corazón
y deberías ver que estas llorando
por lo que ha sido un gran disfrute.*

Kahlil Gibran

Suicidio
Las Señales Silenciosas
Guía para Padres

El Mundo Privado y Público

*La cultura es la memoria del pueblo,
la conciencia colectiva de la continuidad histórica,
el modo de pensar y de vivir.*

Milan Kundera

Vivir un duelo, ya de por sí, significa un trance complicado y doloroso, dice Arnoldo Kraus: "En el umbral de la muerte se escribe, se habla, se mira hacia dentro, se mira hacia afuera, se mira hacia el dintel. Nada escapa: el pasado se convierte en presente y el presente en diálogo con los vivos, con los muertos, con uno", pero cuando se habla de un duelo por "suicidio" este proceso se trastoca de tal manera que sus límites trasgreden más allá de la significación de la pérdida y el dolor.

Esta muerte se distingue abismalmente de las demás porque esta es el producto de una decisión que, aunque individual, afectará inevitablemente a los otros de forma directa o indirecta, es un acto violento que perturbará la conciencia de quienes se quedan, involucrando, tiempo, dimensión y espacio en una plataforma que no tiene parámetros establecidos ni coherentes, porque este hecho no sólo tendrá los efectos inherentes a una pérdida, sino que tendrá repercusiones colaterales, menciona el doctor Pérez Barreiro: "El duelo por un suicida presenta determinadas características que lo diferencian del resto de los duelos. Los sobrevivientes experimentan un conjunto de emociones que no se encuentran con la misma frecuencia en otras causas de muerte y están más expuestos al desarrollo de psicopatologías como los trastornos de ansiedad, el trastorno de estrés post-traumático y episodios depresivos mayores."

¿Cómo entender esta pérdida? ¿Cómo se transita por este duelo, cuando de por sí, hablar de la muerte ha sido difícil para el hombre? ¿Cómo hablar de una muerte en la cual hay nombre y apellido?

Y, ¿si partimos desde el propio significado de la palabra suicidio podríamos tratar de comprender la sinuosidad del duelo suicida?

La palabra "Suicidio" proviene del latín *sui caedere*: *sui*, que significa a sí mismo, y *caedere*, que significa matar, es decir, matarse a sí mismo, y sí consideramos, que dentro de las formas de muerte existen clasificaciones que pueden considerarse dentro de la "generalidad" por ser sus causas imputables a la edad, enfermedad, accidente, homicidio, etc., es decir, natural, súbita, fortuita o a manos de otro, existe una gran diferencia entre morir en estas situaciones con quitarse la vida así mismo.

Este acto es tan fuerte que incluso se ha acuñado un término que se diferencia en el nombre de la/s persona/s que pierden a un ser querido de esta manera, les llaman "sobreviviente", expresión que se ha expuesto por Ann Smolin y John Guinan. La palara en inglés "survivor" ha sido utilizada para designar a las personas que están relacionadas afectivamente con una persona que fallece por suicidio (familiares, amigos, compañeros incluyendo al médico psiquiatra y a cualquier otro terapeuta que le acompañaba), su traducción se ha apuntado como la de superviviente, que es el que sobrevive y es también sinónimo de sobreviviente, que significa vivir después de la muerte del otro, y no necesariamente sólo para designar a quien sobrevivió a un suicidio.

Su afectación es mucho más profunda porque el evento que lleva a una persona a vivir una pérdida de este tipo y por consiguiente un duelo, representa también un balance de vida que confronta su historia personal y la historia del objeto de su pérdida, es como un ajuste de cuentas, de conciencia del hacer diario del pasado que se agolpa sin misericordia en un mismo instante, hoy, el presente; un tú y yo (el objeto de la pérdida), donde su perspectiva no le permite despojarse de la sensación de culpa por haber hecho o no lo suficiente; una confrontación pero ya en calidad de verdad histórica, es decir, de hechos concretos y palpables (por lo menos la persona así lo piensa) que no le permiten justificación alguna con la que pueda aligerar el torbellino de emociones y sensaciones que le acongojan.

La persona se enfrenta a sus más íntimos pensamientos y sentimientos, donde queda atrapado a merced de su conciencia moral, esa conciencia que dicta sentencia a partir del sentido del bien y del mal, ahí los juicios son muy severos, no hay claroscuros, ni oscuros-claros, es determinante, por lo que la sensación de no haber hecho algo o darse cuenta a tiempo, le tendrá en un estado más allá de la racionalización de las cosas, de su lógica, de su mente, enfrascado en interminables interrogantes, dejándole a merced del aislamiento con el mundo exterior pero no así de su mundo interior, donde escenificará, una y otra vez, a partir del suceso, situaciones o circunstancias de formas distintas, escenarios mil, creando una serie de sentimientos hipotéticos pero que los vive de manera real, a tal punto, que le será difícil separarse de este mundo interior para entender el ámbito exterior que intenta consolarle, a pesar, incluso, de que ese ámbito exterior también tenga sus propios cuestionamientos ante la interrogante de los hechos; quizá con consideración, horror, con morbo… o por solidaridad ante el dolor que le acoge. El sobreviviente no requiere este consuelo porque aún no ha asimilado el acto de la pérdida, solo le apremian las respuestas y envuelto en una gran vergüenza, en una imperiosa necesidad, precisa de perdón para sus culpas de manera inconsciente.

¿Vergüenza? ¿Por qué habría de sentir vergüenza frente a los demás por su dolor? ¿Qué no es el dolor de una pérdida motivo para unir al ser humano en hermandad? ¿Por qué necesita perdón?

El hombre es un ser que vive en sociedad, no es un ente aislado, vive y convive en una sociedad que va determinando los elementos que conforman su cultura, dice Jürgen Habermas: "La sociedad no es un conglomerado de individuos, es fundamentalmente una red de acciones comunicativas que trabajan con tareas funcionales tales como mantener una continuidad cultural, preservar las leyes sociales legítimas y crear actores competentes. Incluso se llega a decir que los individuos y los grupos son miembros de un mundo de vida tan sólo en un sentido metafórico. El mundo de vida está constituido por acciones comunicativas, cuyo éxito permite a la sociedad reproducirse con el paso del tiempo. Los individuos no conforman el núcleo de la sociedad, más bien son las consecuencias de una red de acciones comunicativas que están funcionando apropiadamente", de ahí la importancia de tratar de comprender de forma muy sencilla lo que esto significa por el impacto de un acto que, como el suicidio trasciende hasta el ámbito social.

Desde una perspectiva antropológica, la cultura puede explicarse a partir de que su concepción se construye cotidianamente, es decir, con el hacer diario del hombre por lo que consecuentemente esto instituirá sus usos y costumbres, que en general serán similares en todos los integrantes de una sociedad determinada, desde su individualidad hasta su colectividad.

Por consiguiente, este contexto, que procede de la particularidad de los individuos que conforman esa sociedad, en su constitución grupal crea las formas de socialización que le proporcionan características y habilidades con las que habrá de desempeñarse de acuerdo al criterio cultural, de manera óptima y funcional. Sus conductas y comportamientos no sólo están determinados por una decisión o elección personal o individual, sino igualmente por la práctica de la generalidad.

Es decir, la relación de los individuos, desde su individualidad hasta su colectividad, será un principio generador de prácticas culturales (aunque cada persona contenga una serie de experiencias, costumbres y hábitos preestablecidos en función del contexto y medio social al que pertenezca), que integrará la construcción de prácticas y representaciones de su cosmogonía del mundo, donde planteará lo bueno y malo, lo posible o lo no posible, lo pensable y lo no pensable, lo permitido y lo prohibido… con esto, en una dinámica constante, la sociedad construye sus sistemas simbólicos que le sirven de marco de referencia para la construcción de los sentidos objetivos y subjetivos sobre ellos mismos, los otros y su entorno, mismos que van a incidir indiscutiblemente en los comportamientos de los sujetos, ya sean pertenecientes al mismo grupo social o no, por lo que las formas de relacionarse con los otros, las habilidades y competencias quedarán como una especie de disposición mental que articulan la identidad individual como colectiva en un marco integral.

Esta condición en la interacción de las relaciones humanas, se finca esencialmente en dos manifestaciones que se hallan interrelacionadas. La primera, es su individualidad y la segunda su manifestación social en la colectividad.

Su individualidad es mucho más que un concepto de atributos o características propias, es la consciencia misma de su propia existencia, de su "Yo", se reconoce a sí mismo en un mundo privado e íntimo y que le permite tener el discernimiento para darse cuenta de la extensión en la manifestación de su Ser a partir del "Otro", que es distinto a él, del mismo modo, a partir de su manifestación individual, integra la complementariedad de su Ser, a partir de su interacción social, donde encuentra un marco de orientación que le permite organizar una imagen congruente del mundo, porque se da cuenta más allá de su percepción individual que existen elementos, tanto en anhelos como en temores en los "Demás", que los unen a pesar de sus particularidades, con lo que construye una imagen colectiva a partir del "somos" y que al ser parte del grupo deberá conducirse conforme al criterio de regulación generalizada que se ha determinado.

Se da cuenta que es un Ser que, en esta manifestación individual, es su derecho de ser, creer y hacer de acuerdo a su propia consciencia, a su experiencia. Esa facultad le permite crear un mundo privado, y establecer lazos particulares que sean afines a él, con los que puede vivir, convivir, conforme lo considere mejor y por supuesto, arreglar las diferencias entre ellos de acuerdo a sus propios intereses que mejor se ajusten al bienestar de los suyos y entre los suyos, todo en la secrecía de su intimidad, él y los suyos… pero también sabe que habrá de rendirle cuentas a la sociedad en la que interactúa, cuando sus actos violenten las formas de la vida colectiva.

Por lo que, en esta pérdida, su intimidad queda develada y expuesta inconteniblemente sin que nada pueda hacer para evitarlo… Esta muerte no fue una muerte anunciada, no ha sido vivida al interior de la intimidad de la persona y ha quedado fuera de todo el contexto de la interacción social que habitualmente se incluye en una pérdida, por lo que este hecho desencadenará una serie de situaciones que lastimarán, no sólo la vida del sobreviviente y su grupo particular, sino hasta la vida colectiva. Su colectividad inevitablemente asumirá una postura negativa, que ha sido el fruto de censura en las prácticas culturales de todos los tiempos, como bien lo apunta la doctora Hilda Marchiori, "La actitud de la sociedad frente al suicidio ha sido tradicionalmente de rechazo debido a que constituye una conducta cultural prohibida". El mundo querrá saber qué pasó, cómo es que sucedió y por qué sucedió…

Y aún sin siquiera haber asimilado esta pérdida en su intimidad y de manera privada, su vida personal es descarnada a la desnudez del acto que arranca de tajo la máscara social que impide a esa sociedad conocer la profundidad y magnitud de esa convivencia cotidiana, que le protegía de los juicios y recriminaciones más allá de los propios, siente vergüenza, porque ahora, ante esto, no hay argumento que valga para justificar este suceso final, porque sabe que la gente sólo verá el hecho contundente y que sus actos serán valorados a través de esa máscara que ha construido.

Siente un gran temor al juicio y recriminación del colectivo, ahora más que nunca requiere de la hermandad y solidaridad de ese mundo al que pertenece, porque reconoce que forma parte de él y no quiere quedarse solo, se reconoce como un ser social y la sola idea de la separatividad de este mundo que le podría condenar al vacío de la indiferencia y el repudio, por no ajustarse a las "normas sociales", le llena no sólo de vergüenza, siente culpa, se siente responsable tanto en su ámbito personal como en el social.

Necesita pedir perdón para sus culpas y busca el cobijo a su desdicha, pero lo que no sabe es que el mundo también le censurará, cuestionará y dictará, bajo la mirada de su propia máscara social, de manera oculta o abierta, una sentencia a partir de los "deberes del bien hacer" que establece esa cultura, porque no podrían hacerlo a partir de su individualidad, de su particularidad, ya que entonces, aquello sería un espejo de una cruda realidad, porque lo que ven no es nada más que la condición humana en su imperfección, en su fragilidad, en su vulnerabilidad, y se horroriza.

Este hecho, aunque particular en esa persona y su grupo confronta al colectivo en sus prácticas reales de convivencia íntima, se asusta ante la posibilidad de la revelación de su privacidad al darse cuenta de la incongruencia de su hacer con la máscara social con la que interactúa, así que miente ocultándose en esa máscara para acomodarse en un lugar dentro de esa sociedad y cumplir socialmente en el acompañamiento.

Al quedar el mundo privado descubierto, ya no hay tiempo de justificaciones, no hay tiempo de poner al frente del conocimiento las vivencias que enmarcaran las posibilidades de comprensión y entendimiento ante los otros, de la posible circunstancia que hizo a esa persona tomar tal decisión. Ni él ni su grupo privado aún logran poner en contexto lo ocurrido, no saben dónde ponerlo, ¿dónde ponerlo sin que también se sientan responsables? Es por ello que inevitablemente se convertirán en detractores entre ellos, en un afán de librar a su conciencia de la idea insoportable de la responsabilidad sobre el hecho.

¿Por qué se hace la diferencia en la postura de la gente ante este acto con otros ligados a la muerte? Generalmente, el mundo socialmente está enterado y se integra naturalmente a ese proceso privado porque los indicios de las circunstancias están evidentes en la vida pública de la persona, más allá de las cuatro paredes de su intimidad, tanto por sus comportamientos como por la exposición de su discurso diario, donde va integrando y compartiendo las condiciones por las que atraviesan él y su familia. La gente espera entonces solidariamente con la persona, el inevitable final, le acompaña en la identificación colectiva de que todo Ser ha de morir y que a todos les pasa, se identifica ante los símbolos "naturales" de las formas de la muerte; tal vez en una persona amada que puede ser de avanzada edad y que sus condiciones son cada día más deplorables debido al deterioro natural del individuo, o bien porque esa persona está enferma y su detrimento es lamentable y se diluye la esperanza de la recuperación con el paso de los días, los meses y a veces años… o por cualquier otra forma de la muerte que tiene sentido en la conciencia colectiva y que goza de la aceptación de lo inevitable, incluso, aquellas muertes inesperadas que se suceden y toman por sorpresa al grupo pero que de alguna manera, tienen una aceptación a pesar de lo fortuito del suceso, un accidente por ejemplo, incluso por una falla fisiológica que fulminantemente aparece y consuma la muerte, etc.

El mundo estará ahí para consolarle, así como a los integrantes de su mundo privado, participando todos en la intimidad del dolor de la muerte a partir del eterno descanso del fallecido y la resignación para aceptar su partida en una concepción universal sobre el ciclo de la vida. Situaciones que no suceden en el fallecimiento por suicidio y que marcarán visiblemente la diferencia, ya que en este caso existe un vacío de interacción previa con él y su grupo que lograran la cohesión y unión del colectivo en el dolor que significa una pérdida.

Suicidio
Las Señales Silenciosas
Guía para Padres

Una reflexión

*Las lágrimas no son para las personas que hemos perdido,
son para nosotros.
Para que podamos recordar, celebrar, extrañarlas
y sentirnos humanos.*

C.J. Redwine

"Su muerte fue más que la pérdida de ella misma, fue una muerte que traspasó la vida de todos y que me dejó en una terrible vida que no la quiero, ella, tuvo razón cuando decidió irse…" Estas fueron las palabras de una madre que llegó en busca de ayuda después de la pérdida de su hija, la cual se había suicidado, ¿qué se le puede decir a una madre que busca ayuda pero que, al mismo tiempo, en su interior se anida el deseo de morir porque la culpa y el remordimiento alimentan el recuerdo de su hija?, ¿qué su vida ha dejado de ser suya?

El padre, que llegó tiempo después, asumió una actitud de reclamo ante el cambio que su "mujer" estaba teniendo, preguntaba sobre cómo era posible que ella pudiera estarse "conformando" con lo que había sucedido, si "ella" no se había dado cuenta de lo que le estaba pasando a su hija. Qué difícil es para un padre enfrentar, sobre todo de esta manera, que la responsabilidad en el cuidado y la educación de los hijos, no es sólo tarea de las madres, también lo es del padre. Su confrontación denotaba la gran profundidad de su sentir y sus temores, como que sabía inconscientemente que él tenía que enfrentar a sus propios demonios…

Cuando los padres se encuentran ante la pérdida de un hijo, generalmente están unidos por el dolor, y aunque cada uno lo viva y lo exprese de manera diferente, lo compartirán. Su duelo será personal, donde cada uno de ellos hará una reflexión de cómo fue la relación que tuvieron con su ser amado y transitarán en su pérdida, uno de los más difíciles momentos a que los padres puedan enfrentarse, tan es así que para esta pérdida no hay un nombre; si los hijos pierden a sus padres se les llama huérfanos, pero no existe uno para la pérdida de los padres cuando se les muere un hijo, este dolor es tan inconmensurable que ni siquiera podemos nombrarlo.

La familia, los otros hijos –si es que los hay–, su entorno social habrán de solidarizarse y juntos se apoyarán para sobrepasar esta tremenda pérdida, y aunque esta huella quedará marcada por siempre en todos, el recuerdo del ser amado se transformará en una compañía espiritual que estará presente a partir de los pensamientos de los que se quedan, en el presente y en el futuro, y aún en las siguientes generaciones porque se hablará del que se fue para que siga formando parte de la historia familiar y nunca se le olvide.

En el duelo por suicidio no sucede lo mismo porque procede de una decisión que aparece repentinamente en un acto enmarcado trágicamente y que, además, deja en la ambigüedad el origen del ¿por qué? de esa decisión, circunstancia que coloca a los involucrados (el que muere y los que se quedan), en víctimas y perpetradores indistintamente, ¿quién fue la víctima y quién el victimario?, y es aquí, que tal vez, el nombre de "sobreviviente" logra empezar a tener sentido, tanto en su concepción como en la profundidad de la repercusión en serlo porque la vida dará un giro de prácticamente 180°.

El dolor de este tipo de pérdida transformará los sentimientos naturales que resultan ante una situación de muerte, integrando y mezclando en una combinación difícil de explicar, el amor, el enojo y la culpa.

La culpa desempeñará un papel muy delicado en la forma como se establecerán, a partir de ese momento, las relaciones entre los padres, los hermanos y los familiares de quienes han perdido a alguien por suicidio, tanto de forma consciente e inconsciente, porque la culpa, al ser un precepto moral individual y que procede de la conciencia personal sobre el principio del bien o del mal, tendrá diferentes formas de manifestarse, una de ellas, el remordimiento, que en sí mismo se vive por lo que se hizo "mal" y buscará castigarse de una u otra manera, y otra será culpar al otro por la decisión que el suicida tomó, y eso cambiará sensiblemente la relación entre ellos y consigo mismos. Los hijos, por su parte, estarán viviendo en la misma situación, lidiando con su propia crisis, a la deriva de sus propios juicios y sentimientos, donde no sólo han perdido al hermano(a), sino que, a toda su familia, su mundo.

Lo que estaba unido y tenía sentido, se transformará, ya nada será igual para nadie, esta transformación será de fondo, para bien o para mal, porque los juicios en los que se habían fincado los valores, principios, conductas y comportamientos, que daban la identidad y sentido de pertenencia a ese núcleo familiar cambiarán (me refiero a núcleo familiar con la intención de incluir cualquier tipo de composición de familia).

Este proceso tendrá repercusiones en tiempo, dimensión y espacio, a corto, mediano y largo plazo, de una manera muy compleja y única, ¿qué tan profundas? es difícil exponerlas porque serán a partir de la propia particularidad que se generen, tanto de la familia como de las personas.

Este duelo en primera instancia es una triada, porque no contiene el valor de una sola pérdida sino de tres, no es únicamente por el acto mismo de la muerte, que significaría el dolor y la ausencia del ser amado, es un péndulo que se mueve en el pasado y en el futuro, al mismo tiempo que en el presente, todo junto, idénticamente en un solo momento.

¿Por qué tres pérdidas? La primera es a causa de que esta muerte lleva contundentemente al pasado de forma inmediata, hay un recorrido instantáneo en la historia personal con el objeto de la pérdida (el suicida) y muy probablemente lo que está ahí, lo que se vislumbra en nuestra vida, no nos gusta, no es lo que nos gustaría observar, no la queremos, deseamos que esa historia no sea nuestra ni real porque lo que se busca, no se encuentra, no está el por qué lo hizo, desordenando el pasado en un deseo de cambiarlo todo, ahí está la primera pérdida, la desestructuración de nuestra propia historia... La segunda, es la presente, lo sorpresivo de la muerte y su forma pondrá a la persona en un estado de choque entre la realidad presente y el pasado, su cuerpo queda vacío de reacciones ante lo violento de esta muerte porque su ser y su consciencia están en el pasado en búsqueda de respuestas donde el tipo de relación que se llevaba con el suicida jugará un papel esencial en su vivencia en el futuro, mientras tanto hoy, actúa como un autómata sin consciencia de sus actos ni de sus sentimientos presentes, ahí está la segunda pérdida, la ausencia de emociones presentes que le tendrán el costo a futuro... y la tercera pérdida, es el horizonte que representa un futuro perturbador donde estarán en juego los referentes con los que ha construido su vida y que atentarán en una transformación más allá del amor y del dolor, porque la culpa cuestionará no sólo su vida, sino su identidad que le dejará en un estado de vulnerabilidad, donde la ausencia del ser amado será un recuerdo espinoso que no le permitirá entregarse a su dolor plenamente para que el tiempo, de manera natural, hiciera lo suyo.

Otra consecuencia de este duelo es el efecto Ajedrez, tanto los padres como los hermanos y familiares cambiarán constantemente sus conductas y comportamientos a partir del suceso, es decir, la forma en que regularmente interactuaban y llegaban a acuerdos no podrá reestablecerse de una manera inmediata, será gradual, pero en este proceso, los choques entre los integrantes de la familia, pueden promover situaciones críticas, incluso porque en este momento de crisis, generalmente afloran otras problemáticas que no se habían manifestado antes y que complican aún más la recuperación de un bienestar.

El temor y el poder ahora serán determinantes en esta relación debido a que el antecedente de "haberse equivocado" hará que cualquier decisión sea cuestionada tanto por quien la tomó como por quienes reciben la acción, de forma frontal u oculta, envolviendo el ambiente familiar en una atmósfera de tensión que lamentablemente incide de forma negativa en la unión familiar.

Como podemos observar, el duelo por suicidio es una situación sumamente complicada y que lamentablemente es real, nos gustaría decir que no existen elementos suficientes para preocuparnos, pero no es así.

Podríamos extendernos mucho más en el tema, sin embargo, la idea es hacer no sólo una reflexión sobre esta problemática sino iniciar un proceso de trabajo preventivo más que correctivo.

No es lo mismo vivir un duelo "natural" que uno por suicidio, porque como dice el Dr. Alejandro Águila, "El Suicidio, es la única muerte que se puede evitar"

Suicidio
Las Señales Silenciosas
Guía para Padres

¿Qué es el duelo?

El duelo es una emoción natural y es uno de los dones más grandes que le ha sido dado al hombre para afrontar todas las pérdidas de la vida.

Elisabeth Kübler-Ross

El dolor de una pérdida, puede proceder por una infinidad de causas, por ejemplo, en Pérdida y Duelo por Vereniz Moguel Robles (ekrmexico.org.mx), se expone que "en el transcurso de nuestras vidas experimentamos múltiples situaciones en las que vivimos pérdidas, éstas se presentan en todas las áreas de nuestro desarrollo como seres humanos. Biológicas: nacimiento, muda de dientes, adolescencia, vejez, etc.; físicas: caída del cabello, amputación de un miembro del cuerpo, deformaciones, etc.; sociales: cambios de lugar de radicación, quiebre económico, divorcio, etc.; materiales: robos, incendio, pérdida de objetos, etc.; emocionales: partida de los hijos, muerte de amigos y seres queridos, etc." y por consiguiente se vivirá un proceso llamado duelo que tendrá repercusiones distintas de acuerdo con la profundidad de afectación que exista en la persona sobre estas pérdidas.

Dice Sigmund Freud "El duelo es por lo general la reacción a la pérdida de un ser amado o de una abstracción equivalente: la patria, la libertad, el ideal...". El proceso del duelo generalmente se asocia a una afectación emocional, no obstante, su impacto tiene de la misma manera repercusiones físicas, cognitivas, conductuales, filosóficas y espirituales en la persona que lo vive, con quienes convive y de quienes le rodean y éste habrá de vivirse en el momento del suceso, a mediano o largo plazo invariablemente, por ser parte esencial de la conclusión de un ciclo en la vida del doliente, que le permitirá enriquecer su vida a pesar de que esto pudiera ser impensable.

Si hablamos específicamente del duelo por una pérdida por muerte, la huella de este duelo es muy profunda ya que este evento conllevará un proceso de readaptación a la vida cotidiana, debido a que el mundo habitual se trastocará y éste parecerá sin sentido ni dirección y en gran parte frágil.

Cada persona lo vivirá individualmente, única e irrepetiblemente, como lo menciona Annie Broadbent, "si bien el duelo es la respuesta natural a la pérdida, se trata de una reacción muy personal en función de la educación, la cultura, el difunto, cómo fue la muerte y muchos otros factores. No existe un modo "correcto" de manifestar el duelo", con lo que podemos asentar que el dolor, no tiene escalas de comparación.

Dice Carola Maurer Walls –de mundogestalt, en Duelo y sus Distintos Tipos–, "Estar en duelo no es estar enfermo, más bien es el proceso que conlleva la superación de una pérdida y que es la garantía de desarrollo, crecimiento y salud", y aunque la idea en esencia sea esta, es claro que la resistencia en muchas ocasiones para aceptarlo o vivirlo es todavía un gran problema para la mayoría de las personas, y aunque lo más saludable es buscar ayuda de los profesionales, lamentablemente aún en muchas ocasiones las personas lo transitan en solitario y no siempre es concluido saludablemente, dejando huellas y secuelas que tarde o temprano tendrán sus consecuencias.

Por otro lado, el duelo tiene diferentes formas de manifestación por la naturaleza de su circunstancia, Ana María Chavarría en "Términos Básicos de la Tanatología", menciona algunos de los tipos de duelo:

Duelo Anticipatorio: Este se genera antes que la pérdida real se produzca y se inicia con el diagnóstico del paciente terminal, es un desenlace que ya se conoce de antemano, obviamente este duelo lo experimentan, la persona que recibe el diagnóstico y sus familiares.

Duelo Ausente: Cuando la persona queda atrapada en la primera etapa de negación y no avanza.

Duelo Congelado: Cuando el cadáver no existe o nunca se encontró.

Duelo Crónico: Es el que tiene una duración excesiva y nunca llega a una conclusión satisfactoria.

Duelo Enmascarado: Aquí la persona no es consciente de que sus síntomas están relacionados con la pérdida, la persona no expresa sus sentimientos abiertamente, puede manifestarse de otra manera posiblemente a través de síntomas psicosomáticos.

Duelo Exagerado: Este tipo de duelo tiene que ver con las respuestas exageradas, ocurre cuando la persona recurre a una conducta desadaptativa.

Duelo Familiar: Es cuando la mayoría de las pérdidas significativas se producen en el contexto de una unidad familiar, y es importante considerar el impacto de una muerte en todo el sistema familiar.

Duelo La muerte no esperada: Cada segundo algún ser humano trata de olvidarse (Suicidio) en algún país del mundo, muerte súbita natural o violenta.

Duelo Normal: Es el que abarca una serie de sentimientos que son normales, después de una pérdida, como tristeza, el enfado, la culpa y el auto reproche, la ansiedad, etc.

Duelo Patológico o Complicado: El duelo complicado es que aquél que se manifiesta de varias formas, es la intensificación del duelo al nivel en que la persona está desbordada, recurre a conductas desadaptativas o permanece inacabablemente en este estado, sin avanzar en el proceso del duelo hacia su resolución y que la patología está más relacionada con la intensidad o la duración de una reacción, que con la simple presencia o ausencia de una conducta específica.

Duelo Retrasado: Suelen llamarse duelos inhibidos, suprimidos o pospuestos, ocurren cuando la persona si presentó una reacción emocional pero no fue suficiente y después de un tiempo reinicia su duelo.

Duelo sin muerte: Es preciso también elaborar un proceso de duelo: enfermedad incurable o terminal; nacimiento de un hijo discapacitado; divorcio; decepción amorosa relevante; ceguera adquirida; amputación de algún miembro; ruina económica; desastre familiar; fracaso profesional; prisión.

Duelo por pérdida de mascotas: Tiene como objetivo, elaborar el trabajo de duelo pre y posmorten en mascotas, en todas sus emociones y etapas para quienes tienen una relación afectiva.

Por su parte los especialistas han señalado que aún a pesar de las diferencias de los tipos de duelo, en su vivencia, los dolientes pasarán generalmente por 5 etapas, aunque no necesariamente en el mismo orden, por ejemplo, en la vasta experiencia de la doctora Elizabeth Kübler-Ross, observada en pacientes moribundos y en personas que han perdido a un ser querido, existe una similitud, según el proceso, que fue presentado por primera vez en 1960, a partir de un modelo que enuncia las siguientes fases:

1. **Fase de Negación:** Negarse a sí mismo o al entorno que ha ocurrido la pérdida.
2. **Fase de Enfado, Indiferencia o Ira:** Estado de descontento por no poder evitar la pérdida que sucede. Se buscan razones causales y culpabilidad.
3. **Fase de Negociación:** Negociar consigo mismo o con el entorno, entendiendo los pros y contras de la pérdida. Se intenta buscar una solución a la pérdida. Se intenta buscar la solución a la pérdida a pesar de conocerse la imposibilidad de que suceda.
4. **Fase de Dolor Emocional:** Se experimenta tristeza por la pérdida. Pueden llegar a sucederse episodios depresivos que deberían ceder con el tiempo.
5. **Fase de Aceptación:** Se asume que la pérdida es inevitable. Supone un cambio de visión de la situación sin la pérdida; siempre teniendo en cuenta que no es lo mismo aceptar que olvidar.

Los duelos tienen una característica más, que es importante señalar y, con la finalidad de apoyar firmemente en el rompimiento de la creencia que este proceso, aunque natural, se puede realizar sin ayuda, lo cierto es que éste puede complicarse y tener otras consecuencias mucho más graves. Se considera un duelo "normal" aquél que requiere un tiempo conveniente para cumplirse en sus etapas y que no imposibilita a la persona en su funcionalidad de manera total, en su vida cotidiana, a diferencia del denominado "patológico" que puede presentar etapas muy prolongadas y complicadas e incluso estacionarse en alguna de ellas, imposibilitando a la persona en su funcionalidad de manera absoluta, independientemente de afectar su salud, física, mental o emocional.

Podemos observar hasta aquí y, conforme lo marcan los especialistas, que hay diferencias en los tipos de duelo y que pueden vivirse desde formas distintas, que hay coincidencias, similitudes en las etapas de cómo se vive este proceso, y aunque la idea de la muerte se acepte o no, es claro que todos en algún momento hemos o pasaremos por esta difícil coyuntura; es una ley universal, sin embargo, habrá que considerar otra gran desigualdad que los diferenciará, tanto en las formas como en sus fondos: la condición en que ocurrió esa muerte.

La clasificación de muertes, ya sea por su forma de aparición o etiología, suele clasificarse en tres grandes grupos primarios: muerte natural, inesperada o anticipada, en la cual habrá sub-clasificaciones conforme a la disciplina que la interprete, por ejemplo, en un documento de la Universidad Fermín Toro, Vice Rectorado Académico de la Facultad de Ciencias Jurídicas y Políticas de la Escuela de Derecho de Medicina Legal, Marlín Varela y Dulce Montero presentan una clasificación de la Muerte en medicina legal Tanatológica (rama de la medicina legal que se ocupa del estudio de las cuestiones médico legales relacionadas con la muerte):

Muerte Aparente: Estado patológico del cuerpo humano que presenta una atenuación de las funciones vitales, en grado tal que parece que estuvieran abolidos los signos vitales: a) pérdida de la conciencia; b) inmovilidad neuro-muscular; c) ausencia aparente de latidos cardíacos y pulso además de movimientos respiratorios (en realidad son muy débiles), coma, síncope, intoxicaciones, neurosis o histerismos, sumersión o asfixia, mecánica.

Muerte Absoluta o Real: Desaparición total de toda actividad vital.

Muerte Relativa: Estado caracterizado por la suspensión efectiva de las funciones cardiocirculatorias, respiratorias y neurológicas, en el cual se puede conseguir, mediante medidas extraordinarias de reanimación, la reviviscencia del individuo.

Muerte intermedia: Estado en el cual se extinguen progresivamente las actividades biológicas de sobrevivencia; y ya no se consiguen con maniobras de resucitación volver a conseguir toda la vitalidad del organismo. Ej. Anoxia cerebral con descerebración.

Muerte Súbita: Es la muerte que sobreviene inesperadamente, fuera de toda causa violenta, en una persona que, ya por su estado de salud aparente o por una enfermedad que no inspira temores inmediatos para esperar un desenlace fatal.

Muerte Repentina: Es la muerte que se produce en forma rápida en un individuo que sufre de una enfermedad, bien sea aguda o crónica, en quien se espera su deceso.

Muerte Natural: Es la muerte por consecuencia de una patología o enfermedad de cualquier etiología, ya sea infecciosa, tumoral, degenerativa, etc.; y donde no ha intervenido ninguna causa externa violenta.

Hemos visto pues, de forma muy enunciativa, cómo el duelo se lleva a cabo y de cómo a pesar de sus coincidencias generales, las diferencias individuales habrán de determinar la vivencia de un duelo y sus etapas, las cuales no necesariamente se llevarán en ese orden, no obstante, sería necesario hacernos una pregunta esencial, ¿se está preparado para una pérdida?

Si planteamos que estas diferencias individuales nos llevan a encontrar que existe una gran coincidencia en el duelo a partir de la muerte, al ser ésta un suceso que estremece e impresiona aterradoramente a la mayoría de los individuos en cualquier parte del mundo y tipo de circunstancia, no importando estatus o la etapa y época en el tiempo, ya que la experiencia ha marcado un sinnúmero de sentimientos en la vida del hombre durante toda su historia y, porque en su sociedad ha quedado este suceso como un tema tabú, que le es difícil integrar a la naturaleza misma de la vida, debido a que este acto le confronta en muchos aspectos, desde su consciencia y el dolor en el ámbito privado, familiar, social y público, hasta el temor a lo desconocido de la gran inquietud universal de: ¿qué pasará después de la muerte, con él y con los suyos, con los demás?, y al parecer al negarse a profundizar y procurar discernir de manera franca sobre esta ley natural, durante su vida tendrá consecuencias que tal vez pudieran ser distintas y proporcionarle elementos que le dejaran sentir solamente el dolor de lo que significaría la pérdida y no el sufrimiento por el que atraviesa.

Y sea por eso que cuando inevitablemente llega a ese enfrentamiento, en un franco diálogo privado, en lo más profundo de su intimidad, pone en juego todas sus creencias, su fe, duda, y se acoge a ellas antagónicamente, como un niño indefenso que requiere respuestas, consuelo y la capacidad de aceptación la cual busca primero en su ser, en un estado como de aislamiento, de profunda soledad, en el intento de asimilar lo que está pasando y lo que esto significa, que la incertidumbre hace presa de él porque este evento lo lleva a una crisis donde naturalmente la transformación de sí mismo ante la realidad de las nuevas circunstancias que vive, alterarán también ineludiblemente su entorno, porque a pesar de saber que sucederá, no ha abierto este tema como parte de la vida, aún inclusive sin importar la naturaleza de esa pérdida.

Podemos entonces deducir que usualmente no se está preparado en general para una pérdida de esta naturaleza, ni de manera individual ni colectiva, y aunque por los hechos que han construido la historia del hombre donde la muerte ha formado parte de su cultura (entiéndase por esto el hacer diario del hombre y los usos y costumbres en una base antropológica) tendríamos que observar y cuestionar que esta práctica no necesariamente implica que se acepte la idea de la muerte y aunque su manifestación pueda ser practicada por el grupo, es posible que pudiera ser más bien un mecanismo de defensa con lo cual acepta la realidad de la existencia de la muerte pero no la integra de manera formal a la vida individual; lo cierto es que aunque la idea de la muerte se acepte o no, es claro que todos en algún momento, hemos o pasaremos por esta difícil coyuntura, preparados o no, es una ley universal, sin embargo, actualmente parece ser que este dolor va más allá, dice la doctora Kübler-Ross, "Creo que hay muchas razones por las que no se afronta la muerte con tranquilidad. Uno de los hechos más importantes es que, hoy día, morir es más horrible en muchos aspectos, es decir, es algo solitario, mecánico y deshumanizado; a veces, hasta es difícil determinar técnicamente en qué momento se ha producido la muerte", ¿por qué habría de exponer la doctora Kübler-Ross que hoy "es más horrible en muchos aspectos" ?, ¿solitario, mecánico y deshumanizado?

Al parecer también las instituciones de salud, se enfrentan a retos mucho más complicados, debido a las demandas que plantean los nuevos descubrimientos, sistemas y tecnologías, en cuanto al cuidado de la salud se refiere, (y que será motivo de otra exposición) porque finalmente la salud mental no sólo está en juego en el paciente y los familiares que requieren atención médica, también lo está en el profesional que le acompaña, pues ha de vivir y transitar por difíciles situaciones que le generan emociones a la par de sus semejantes, ya que el ejercicio y práctica de su profesión no sólo requiere del dominio de su campo y las técnicas con las que ha de proporcionar soluciones palpables y sensibles, dice José Narosky: "El Médico que no entiende de almas, no entenderá de cuerpos".

Como hemos visto, el duelo es un proceso que tiene una gran incidencia en la vida, personal, familiar y social, ya que no sólo es elaborar la pérdida de un ser querido; más bien es una transformación en la vida de cada uno a partir de la aceptación de la pérdida, esto implicará un cambio, y en ese cambio, habrá de encontrarse el bienestar a partir de condiciones nuevas. El duelo no significa olvido, porque de ser así, se quedaría atrapado interminablemente en el pasado.

Al negarse a hablar de la muerte es factible que se esté negando también la posibilidad de entender la vida y disfrutarla, gastársela para que la muerte tenga sentido, sobre todo, porque en la actualidad, no sólo estamos enfrentándonos a la muerte real, sino a esas muertes tácitas que envuelven la vida cotidianamente y que atentan contra uno de los principios esenciales de la cualidad humana, la espiritualidad.

Afortunadamente la generalidad no es absoluta, hay individuos que han tenido el valor para hablar de la muerte, de enfrentarse, no obstante, a sus propios temores o experiencias, incluso a las críticas de que son objeto, y con sus acciones están abriendo los caminos para que juntos podamos transformar el paso doloroso de la pérdida en una comunión universal a partir de un maravilloso don del que ha sido provisto el ser humano, su espiritualidad, señala el doctor Alfonso Reyes Subiría: "La paz interior real cuando surge de dentro, es la paz que va desde la verdadera espiritualidad. Conocer y amar son las únicas ocupaciones que nunca cansan al ser humano".

Suicidio
Las Señales Silenciosas
Guía para Padres

La Herramienta

*El estructuralismo no es un método nuevo;
es la conciencia despierta
e inquieta del saber moderno.*

Michel Foucault

Suicidio
Las Señales Silenciosas
Guía para Padres

La Herramienta
Padres Bio-Psico Social Mente Responsables

*"Antes de casarme
tenía seis teorías sobre el modo de educar a los niños.
Ahora tengo seis hijos y ninguna teoría".*

John Wilmot

La herramienta contendrá dos vías esenciales y que tienen objetivos diferentes, la primera, las máximas, las cuales tienen la finalidad de plantear ideas y situaciones esenciales en la relación con su hijo y la vida en general, por lo que deberán reflexionarlas para integrarlas a la vida cotidiana permanentemente, la segunda: los cuestionarios y las preguntas clave, que tienen como objeto reflexionar el conocer y reconocer al ser en el cual su hijo se está transformando como consecuencia de su desarrollo personal, familiar y social y que servirá como indicador para clasificar el rango de alerta en el cual se encuentra el adolescente.

Es importante exponer que los parámetros que se han determinado para clasificar una posible alerta entre lo saludable y no saludable, puedan parecer muy drásticos o rígidos, por lo que es importante iniciar con las primeras máximas para entenderlas y comprenderlas:

✓ Usted es el que está ahí de forma tangible y concreta, esta herramienta es práctica, pero carece de un elemento esencial de la vida: la percepción humana, no sólo en los sentidos propios, como la vista, el oído, el tacto, el gusto y el olfato, sino de la conciencia de la existencia, de la experiencia en su dinámica familiar, por lo que su interpretación y su periodicidad serán esenciales para el éxito del objetivo.

> ✓ *Deberá integrar en su perspectiva la diferencia entre la verdad y la realidad porque primordialmente esta herramienta está diseñada para trabajar sobre los aspectos reales de la vida cotidiana en los particulares de las familias, y sólo ustedes la tienen ahí y ahora.*

Quiero hacer la acotación sobre el contexto en el que se trabaja la herramienta, haciendo la diferencia entre la verdad y realidad, con lo que podrán diferenciarlas, de modo que esté usted claro de que estaremos trabajando con la realidad.

La verdad tiene muchas acepciones a tal punto que se llega a decir que cada uno tiene su propia verdad e incluso usarla indistintamente con la realidad.

La verdad, en su aplicación práctica en las relaciones humanas, y para efectos de diferenciación, es entendida como el concepto del "Deber Ser", un concepto filosófico, que representa el ideal del ser y su hacer, y la realidad será el acto o hecho contundente sin ninguna interpretación.

Ejemplo:

Verdad: Los padres debe ser responsables, amorosos y protectores de los hijos. / Las personas deben ser honestas, trabajadoras y responsables.

Realidad: No todos los padres son responsables, amorosos ni protectores con los hijos. / No todas las personas son honestas, trabajadoras ni responsables.

Es decir, la realidad es el acto o hecho, que debe quedar puro y sin ninguna justificación ni descalificación en su observación, deberá excluir de su observación las circunstancias en las que su hijo pueda estar: enojado, triste o alegre, para darse cuenta si se comporta o no con educación, si es ordenado o no. Esto es lo más difícil de hacer, pero le aseguro que, si lo hace, podrá tener muchos más elementos para ayudar en el desarrollo y bienestar de su hijo.

¿Han quedado claras estas máximas? si es así, continúe adelante, si no fuera el caso, pida a alguien más que lea lo anterior y coméntenlo, seguramente lo entenderán juntos, una ganancia maravillosa, es el hecho de acercarnos en una comunicación distinta, porque estamos hablando de la vida y de esto poco se hace (como se evidencia muy claramente en los diplomados que imparto donde las personas parece que se quedan sin palabras cuando de este tema se trata), es más, si lo están leyendo en pareja, coméntenlo entre ustedes, no se pierdan esta oportunidad.

- Su hijo es un ser vivo y por tanto en constante transformación, nunca den por sentado que lo conocen al cien por ciento. Él es el resultado de la forma en que le han enseñado a vivir.

Ahora, les pido por favor que observen la siguiente imagen ya que será la plataforma de la herramienta con la que trabajaremos y con la cual descubrirán, aprenderán a reconocer y conocer a su hijo/a, su entorno familiar, social y público, y si es que hay alguna señal silenciosa que deberá captar su atención.

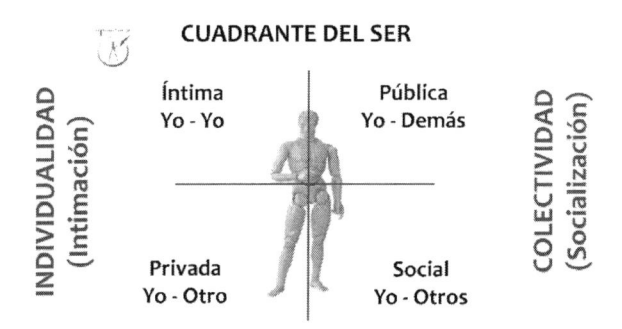

CUADRANTE DEL SER

INDIVIDUALIDAD (Intimación)

Íntima
Yo - Yo

Pública
Yo - Demás

Privada
Yo - Otro

Social
Yo - Otros

COLECTIVIDAD (Socialización)

Esta es una herramienta que proporciona una observación de los diferentes elementos que constituyen de modo integral la manifestación que una persona tiene y que han conformado su historia de vida, y que permite conocer algunos de los factores que inciden en el nivel de bienestar en que se encuentra la persona.

Esta herramienta tiene 5 niveles de aplicación, y para este caso aplicaremos el nivel 1 donde la manifestación y las relaciones serán los ejes en los que girará, para lo cual se explica a continuación:

Su primera esquematización es en primer lugar para darnos cuenta que nuestra manifestación no sólo es de carácter individual, también lo es colectiva o en grupo, con lo que asentaremos en otra máxima:

- *La manifestación de un Ser no es en un solo plano, es dual, una individual y una colectiva, lo que conlleva a una visión de fracturación del Ser en dos funciones objetivas diferentes en la vida, su hijo tiene un ámbito de desarrollo y manifestación más allá de su entorno familiar que tendrá una influencia en él. Es importante conocer su mundo de manera integral.*

Estas dos funciones (manifestaciones) darán lugar a los dos primeros tipos básicos de relaciones con las que la persona se desenvolverá cotidianamente, las de intimación y las de socialización:

- *Las relaciones de intimación son las que se establecen por motivaciones propias y el lazo se lleva de manera lineal y por elección, es decir de carácter íntimo o privado, por existir una empatía y/o identificación de carácter personal generalmente emocional.*

- *Las relaciones de socialización son el producto de la interacción en que las personas establecen una relación con otros sin una elección propiamente hecha, porque proceden de una convivencia en un determinado entorno en común, incluso, a pesar del requerimiento de alguna de las partes.*

Estas relaciones son esenciales para el desarrollo y desenvolvimiento de la persona y estarán presentes en todo el ciclo de su vida, la forma en que se establecen, saludables o no, son el producto de la formación de las relaciones primarias (Íntimas y Privadas) y secundarias (Sociales y Públicas) en su infancia, porque ahí tuvo lugar su primer contacto con su calidad de ser social y que a partir de ello se establecieron dichas relaciones.

Las relaciones primarias o Íntima y Privadas se establecen a partir de su individualidad, y al ser las originarias en su formación determinarán los patrones iniciales:

Yo – Con Yo: Esta relación es vital en la vida de una persona, ahí radica su seguridad porque procede de su auto-estima, como resultado de la base de creencias que conforman la idea de sí mismo y del mundo.

Yo – Con el Otro: Esta relación procederá a partir de la identificación con otro y fincándose en la afectividad.

Las relaciones secundarias o Sociales y Públicas se establecen a partir de su colectividad y serán el punto de reafirmación, desenvolvimiento y retroalimentación de la idea central de su Ser individual y afianzarán o modificarán, positiva o negativamente, los patrones iniciales:

Yo – Con los Otros: Esta relación, que procede de la interacción con otros de manera general donde su auto-estima jugará un papel importante para relacionarse de manera saludable o destructiva, consigo mismo y/o con los otros, es el punto esencial de retroalimentación en su vida personal social.

Yo – Con los Demás: Este aspecto de las relaciones pertenece a un tipo de relación colateral, que de manera consciente o inconsciente se manifiesta a partir de la dinámica social que se genera en el entorno global y que incidirá en su manera de integrarse en general a la vida colectiva en sociedad.

> ✓ *Los orígenes de patrones de conductas y formas de establecer sus relaciones, consigo mismo, con el otro, los otros, los demás y su sociedad, se formaron en su infancia en el entorno familiar.*

La plataforma en la que aplicaremos esta herramienta es usted/ustedes, el entorno familiar, la educación y la dinámica social (escuela y vida social del adolescente), por ser elementos esenciales en la búsqueda de esas señales silenciosas.

Suicidio
Las Señales Silenciosas
Guía para Padres

**Consideraciones generales
para la aplicación e interpretación de resultados**

/ La humanidad es como es.
No se trata de cambiarla, sino de conocerla.

Gustave Flaubert

Recuerden que la etapa de la adolescencia conlleva tanto cambios internos como externos y éstos se verán reflejados, entre otros indicadores; el tipo de relación que tiene usted/ustedes consigo mismos y con él, en su estado de ánimo, sus conductas y comportamiento para lo cual es importante considerar:

/ *Si en el momento actual su entorno se encuentra afectado por violencia familiar, el divorcio de los padres, pérdida de un ser querido, cambio de residencia o escuela, antecedentes depresivos en la familia o el adolescente, diagnóstico de TDAH, bipolaridad, antecedentes de adicciones, antecedentes de intento de suicidio por el adolescente, suicidio en su entorno familiar o emocionalmente cercano o alguna situación extraordinaria en el entorno familiar (robo, secuestro, violación, etc.), deberán acudir con un especialista sin dudarlo, por lo que esta guía no deberá tomarse como una herramienta de detección ni como prevención.*

El proceso de formación en la educación de su Ser (adolescente) ha tenido varios aspectos que han influido en su desarrollo por lo que deberá tener muy en cuenta que:

/ *Toda la información que recibió en su hogar, fincó su plataforma primaria del pensamiento en sus creencias, en ese momento él no tenía la capacidad para cuestionarlas ni para discernir si le gustaba o no, si estaba de acuerdo o en desacuerdo, porque él todavía no había desarrollado en su totalidad su capacidad mental ni la consciencia de su ser.*

- *La vivencia propia ha reafirmado o cambiado su plataforma de pensamientos.*
- *La formación de su conducta y comportamiento es consecuencia de la congruencia del discurso y la práctica de los adultos en su interacción familiar.*
- *Los hábitos y comportamientos sociales son consecuencia también de los usos y costumbres que dentro del ámbito familiar se viven en la vida cotidiana.*
- *El nivel de autonomía e independencia es el resultado de las asignaciones que se le han encomendado, de acuerdo a su edad, y que fueran su responsabilidad.*
- *La calidad humana, empatía y consideración que ha desarrollado están directamente ligados a las conductas y comportamientos que los adultos han mostrado ante las circunstancias y sentimientos de quienes le rodean.*
- *Deben ser honestos para aceptar si lo que está pasando con su hijo es producto de la educación (ejemplos) que le dieron para tomar las decisiones correctas.*

Uno de los principales obstáculos en la vida moderna es la "comodidad" y "facilidad" que representan los avances tecnológicos y que crean un espejismo del saber de la vida, que, si bien es cierto que nos ayudan para tener más y mejores elementos para entender y comprender algo, también lo es que han despertado una gran pereza inconsciente que está deteriorando una de las más grandes cualidades humanas, la capacidad de percibirnos con todos los sentidos, es por ello que me gustaría iniciar con una carta, que fue pedida como tarea a los padres en uno de los programas:

Tarea: "Trascendiendo en la educación de nuestra vida"

"No se si lo que escribo en esta hoja sea lo correcto, pensé en llenar estas dos cuartillas de cosas de internet, pero se que aunque no este bien mi tarea lo intentare y comprender la carrera de ser madre…".

¿Así, o más claro? Disculpe si este cuestionamiento puede parecer duro, pero es necesario para que en esta tarea que iniciaremos juntos, tratemos de despojarnos de la idea de la "receta mágica", esta es una herramienta, que si bien es cierto que tiene algunos parámetros cuantitativos, su esencia es totalmente cualitativa, con base en la reflexión que es una capacidad humana, por lo que LO VERDADERAMENTE IMPORTANTE ES QUE USTED SE TOME EL TIEMPO para comunicarse particularmente con su hijo/a y sus circunstancias, y reflexionarlas detenidamente, le aseguro que con esta primera plataforma, el mundo de posibilidades para conocerlo/a, aumentará sustancialmente porque incluso generará nuevas preguntas, recuerde que usted es el que está ahí y tiene muchos más elementos que los que esta guía o cualquier otra puedan tener, intentemos hacer de esta herramienta un medio vivo de transformación constante. Mejórela con sus propias circunstancias, finalmente, ese es el objetivo primordial para la que fue hecha.

Esta herramienta es un primer elemento de acercamiento a su hijo/a con la finalidad de prepararnos a entablar una comunicación humanística, con elementos diferentes a los que generalmente se usan en los temas de abordaje sobre la depresión y el suicidio, y que busca darle una primera base de cómo tratar de conocerlo de un Yo a otro Yo, sin más mediación que la humanidad que son y poder detectar a tiempo esas señales silenciosas que puedan estar amenazando la salud mental de su hijo/a.

Los materiales están preparados de manera secuencial, es decir, por áreas, así que deberá iniciar por la primera y así sucesivamente, si lo hace de otra manera, aunque pueda funcionar, es posible que no se develen los riesgos de forma integral. Si tiene alguna duda, regrese al apartado de La Herramienta.

Hable con su hijo/a antes del inicio de la aplicación de la guía, ¿cómo abordarlo? con la sencilla y precisa razón del amor, de la importancia y el deseo de querer ser mejores personas y padres porque él/ella es muy importante y que, del resultado de todo ello, habrán de mejorar muchas cosas entre ustedes.

✓ *Si usted no es capaz de hacer algún cambio ante los resultados que obtenga, deténgase, haría más daño.*

Es importante que la aplicación de la guía sea en un periodo donde no exista un antecedente inmediato de fricción con el adolescente ni alguna situación que alterara la "normalidad de todos los días", incluso en un estado de alegría, para no provocar un resultado que puede estar influido por ello.

Deje que el adolescente se tome su tiempo para contestar, no le será fácil expresar por escrito las respuestas a lo que se le pregunta, sin embargo, es importante que lo responda por completo, porque ahí están muchas cosas que usted tiene que saber de su hijo/a.

Es muy importante tener cuidado que su hijo/a no lea las consideraciones a las respuestas de los cuestionarios, ya que esto podría interferir en sus respuestas, estas consideraciones son expresamente para usted.

Estimule la confianza en su hijo para que sus respuestas sean lo más honestamente posibles, obviamente no vaya a cometer el error de recriminarlo por ello, dese cuenta que esto es un costo que tendrá que pagar para iniciar un proceso saludable en la comunicación con su hijo/a.

✓ *No minimice ni maximice las respuestas de su hijo/a, trate de ser lo más objetivo posible ya que de ello dependerá el éxito de la interpretación.*

Reconfirme las respuestas con su hijo/a, es importante estar claros, sobre todo en las cualitativas, qué es lo que quiso decir realmente.

En todas las áreas hay consideraciones de interpretación de respuestas, que le darán parámetros sobre los resultados, pero los elementos más importantes para la interpretación están con usted, porque usted tiene la perspectiva periférica y presente de la situación.

Si la diferencia entre un rango saludable contra la posibilidad de riesgo es mínima, es recomendable que tuviera un acercamiento con un especialista para que reconfirmara que efectivamente sus situaciones están dentro de la generalidad.

En los diferentes temas que se cuestionan, vale la pena que reflexione en la profundidad y el objetivo de que realmente se está comunicando con su hijo/a, por ejemplo, en el tema de la sexualidad muchas veces corre el riesgo de no tocarse porque la sexualidad en muchos casos se ve como algo personal, es decir, a partir de la sexualidad de los padres.

Algunos especialistas recomiendan observar estas conductas que han sido catalogadas dentro de la generalidad, obviamente, recuerde que es simplemente un parámetro, esté siempre atento a su hijo/a.

- Tiene recurrentemente crisis de ansiedad
- Problemas escolares
- Ciberacoso
- Crisis de identidad sexual
- Hablar de la muerte
- Regala sus pertenencias
- Cutting
- Descuido personal
- Pérdida o aumento de apetito
- Baja energía
- Aislamiento
- Hipersensible a las críticas
- Impulsividad

- Etcétera.

Por último, es importante que tome en cuenta que las conductas antisociales y depresivas son anteriores a una situación de riesgo como el suicidio, por lo que:

- *Una conducta fuera de la generalidad puede tener dos manifestaciones principales, la introversión (aislamiento, poco contacto con la familia y amigos, nula o casi ninguna comunicación de cualquier tipo, verifique la frecuencia del adolescente con las redes sociales, sobre todo si éstas son un intento de secresía, etc.) y la rebeldía constante y hacia todo lo que signifique autoridad (respeto a las normas, tanto familiares como sociales, conductas de altanería, reto y desafío).*

- *En cuanto a la depresión, (tristeza, desgano, apatía, sarcasmo y poco o ningún interés por las cosas) no los confunda con un estado de ánimo "natural" sobre todo cuando estos comportamientos excedan más de dos semanas.*

Suicidio
Las Señales Silenciosas
Guía para Padres

Guía Práctica

Dime y lo olvido,
enséñame y lo recuerdo,
involúcrame y lo aprendo.

Benjamín Franklin

Suicidio
Las Señales Silenciosas
Guía para Padres

Área 1

El Transportador 450°

Área 1

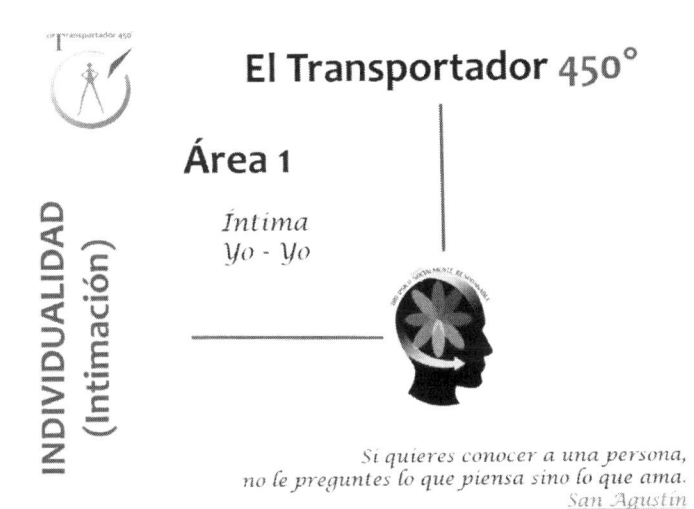

INDIVIDUALIDAD (Intimación)

Íntima
Yo - Yo

*Si quieres conocer a una persona,
no le preguntes lo que piensa sino lo que ama.*
San Agustín

Yo – Con Yo: Esta relación es vital en la vida de una persona, ahí radica su seguridad porque procede de su auto-estima, como resultado de la base de creencias que conforman la idea de sí mismo y del mundo.

✓ La verdadera educación consiste en obtener lo mejor de uno mismo. ¿Qué otro libro se puede estudiar mejor que el de la humanidad?

Gandhi

Esta herramienta es el primer elemento de acercamiento a su hijo/a con la finalidad de prepararnos a entablar una comunicación con elementos diferentes a los que generalmente se usan en la vida cotidiana y que busca darle una primera base de cómo tratar de conocerlo de un Yo a un Él, sin más mediación que la humanidad que son.

A1 – T450° - 1 CONOCIÉNDONOS

Pida al adolescente que conteste este cuestionario, permita que lo haga con tranquilidad y en privado para que pueda realizarlo sin la presión de usted, el tiempo estimado para contestarlo es de 20 a 40 minutos.

1.- ¿Cuáles son las tres principales características que pueden definirte?

2.- ¿Quiénes son tus tres mejores amigos?

3.- ¿Te sientes amado por su padres?

SI	NO

Explica por qué:

4.- Menciona tres logros que hayas obtenido en los últimos dos meses

5.- Marca con una "X" si has tenido estas sensaciones y/o emociones durante la última semana

Frustración	Impotencia	Tristeza
Enojo	Desesperanza	Devaluación

6.- ¿Cuáles son las mejores características de tus padres?

MADRE	PADRE

7.- Menciona los tres últimos castigos y por qué

CASTIGO	CAUSA

8.- Marca con una "X" si padeces alguno de estos malestares

Ansiedad	Insomnio	Gastritis y/o Colitis
Estrés	Migraña o dolor de cabeza	Agotamiento

9.- ¿Cuáles son tus tres principales defectos?

10.- ¿Cuáles son las 3 relaciones con las que mayor dificultad tienes?

11.- ¿Cuáles son tus 3 más grandes temores?

12.- ¿Cuáles son tus actividades favoritas y con qué frecuencia lo haces?

ACTIVIDAD		FRECUENCIA

13.- ¿Cuáles son los tres defectos de tus padres?

MADRE		PADRE

14.- ¿Cuáles son las 3 principales dificultades en el desempeño de tu vida escolar?

15.- ¿Cuáles son los tres principales reclamos que te hacen?

En tu vida familiar:

En tu relación de pareja:

En tu trabajo (si trabajas)

16.- ¿Qué piensas de la violencia escolar (Bullying)?

17.- ¿Qué piensas de la corrupción?

18.- ¿Qué piensas de la política?

CONOCIÉNDONOS T450° - Guía de interpretación de respuestas

1.- ¿En qué categoría están las respuestas? ¿Son de Actitud o Aptitud? La importancia de esta pregunta es que generalmente la primera respuesta puede ser real o bien el deseo de lo que quiere ser, ¿está usted de acuerdo con esa respuesta? Reflexione sobre sí estas características son constantes en su hijo/a.

2.- ¿Conoce a éstos jóvenes? cuando decimos que si los conoce no es solamente de vista o porque son compañeros de su salón, ¿sabe quiénes son sus padres? ¿dónde viven? ¿tienen problemas en su casa? Los amigos son constantes motivadores que pueden ser positivos o negativos, en esta edad la influencia es un factor muy importante de cambio.

3.- El fondo de la pregunta no es si le quieren o no, sino el por qué, ahí radica esencialmente lo que él/ella siente de usted, no lo que usted siente por él/ella, y además deberá reflexionar sobre en qué aspectos está fincando esta percepción; materiales, emocionales o mentales, obviamente si la percepción del adolescente es que no es amado, hay un problema serio para él/ella.

4.- La satisfacción es una sensación que está directamente relacionada con las metas y objetivos que se obtienen, si su hijo no está teniendo logros es probable que la insatisfacción sea un disparador de mal humor. Realice acciones para apoyarle y que juntos puedan iniciar un proceso de logros con retos sencillos en los que ambos participen. Cuando los tiene, ¿se los reconoce?

5.- El problema de estas sensaciones y/o emociones es que sus combinaciones se manifestarán en conductas y comportamientos negativos, por lo que sería importante cuestionarse usted si sabe las causas. El malestar natural puede verse maximizado por tener una vida poco motivante.

6.- ¿Son esas características regulares en su actuar diario? él/ella ha pensado en un momento determinado de su relación, como una imagen, la importancia es qué tan constante usted las manifiesta para darle validez a la apreciación del adolescente, ¿puede usted afirmar que efectivamente es/son usted/es así?

7.- La causa del castigo es mucho más importante en la perspectiva del adolescente porque puede tener una percepción para él/ella de que es injusto, es necesario que reflexione profundamente en cuál es la percepción que está integrando con respecto al castigo porque puede no estar consciente de que es correcto y consecuencia de sus actos, pero también, y lo más importante es si usted no fue injusto con él/ella. No castiguen por estar enojados sino por ser lo correcto.

8.- El malestar en el que se encuentre el adolescente es un buen indicador que su capacidad cognitiva y afectiva se está afectando, por lo que se deberán buscar las causas y solucionarlas para no incidir de forma fisiológica en posibles problemas emocionales.

9.- Los defectos son características negativas que las personas integran a la imagen de su personalidad como una devaluación, sin embargo, habrá que cuestionar lo siguiente: ¿son estas características realmente un defecto? o, ¿son conductas, reacciones o comportamientos? Es probable que muchas sean actitudes y comportamientos que son iguales o similares a los de usted/es. Recuerde que ellos aprenden por imitación.

10.- La dificultad en las relaciones pueden ser expresada con nombre y apellido, pero también bajo la figura simbólica. Por ejemplo: Tengo problemas con la autoridad. Lo destacable es reconocer con quién es que está teniendo problemas, debido a que la respuesta puede estar enmarcada, es importante llegar al fondo de con quién realmente está teniendo dificultades, e incluso si es con ustedes mismos.

11.- Muy significativo será conocer cuáles son los temores del adolescente, obviamente hay temores naturales y generales, la muerte de los padres, de sus seres queridos, etc., pero puede evidenciar temores que representan una amenaza para su bienestar y/o su comportamiento (temor para hablar en público, relacionarse con el sexo opuesto, ponerse nervioso/a ante personas nuevas, no poder quedarse callado porque le molestan ciertas situaciones, etc.) que deberán ser atendidas porque dificultarán su desarrollo y desempeño.

12.- La recreación mediante actividades físicas y en contacto personal es un factor saludable para el desarrollo del adolescente porque estimula sus capacidades de interacción y socialización, es importante que usted pueda distinguir perfectamente las actividades anteriores de aquellas que utilizan la tecnología impersonal (redes, sociales, video juegos, face, etc.) porque se realizan en solitario y pueden ser altamente dañinas.

13.- Es importante comparar los defectos que ha descrito el adolescente con la descripción de sus mejores cualidades, obsérvelas y pregúntese si se anulan unas con otras, de ser el caso, habrá falta de congruencia de usted en la percepción de su hijo/a (papá/mamá - ¿quién te entiende?)

14.- Los jóvenes son poco expresivos con respecto a su vida escolar sobre todo porque en general sienten que serán recriminados o incomprendidos por los padres, sin embargo, es esencial conocer su entorno escolar a partir de experiencias cotidianas y que representan una dificultad para él/ella, cualquier indicio puede ser una señal importante de alerta sobre el acoso escolar, ya sea para él/ella o que él/ella lo genere, por ejemplo, que no es muy aplicado/a y pueda ser objeto de burlas, etc., o bien la forma como se expresa él/ella de los demás, su entorno y vida escolar (referirse de manera despectiva).

15.- ¿Qué tanto influye en la autopercepción del adolescente el reclamo en su relación con los otros, en su autoestima? ¿Son reales estos reclamos? ¿Están ligados a su educación?, ¿o a problemas de inseguridad o agresión por parte de él o de otros? ¿Está en relaciones conflictivas?, si está trabajando, ¿en qué sentido están? ¿La falta de habilidades para el desempeño de su trabajo o hacia su persona? Estas respuestas, como todas, le darán elementos para iniciar un proceso de acercamiento a los diferentes aspectos de la vida de su hijo/a que le permitirán tomar mejores decisiones.

16.- Hablar de un tema tan importante como es el acoso escolar es algo que generalmente se hace, pero la importancia de escribirlo es que tendrá que acotar sus ideas a perspectivas particulares y que le permitirán conocer más profundamente su percepción sobre este asunto y pudiera usted encontrar que posiblemente su nivel de aceptación de violencia es mucho mayor a la que usted creía. En muchos casos ahí se encuentran las señales de alerta.

17.- Uno de los temas que está rodeando la vida en general a todas las personas, no solo a los adolescentes, es la corrupción, ¿Qué es la corrupción? ¿Cómo la percibe él? ¿Aceptarla forma parte de los valores familiares y es causa de conflicto con su entorno? ¿Se habla de ética en su casa? La congruencia es un factor importante en la formación del adolescente, cuando usted habla de la problemática social, deberá considerar cómo es que se desarrolla su entorno familiar para poder hacer una diferenciación clara.

18.- El adolescente está en un punto vital en su formación y transformación para convertirse en un adulto joven, y por tanto un ciudadano, ¿lo está usted preparando para ello? ¿Es su respuesta lo que él ha podido integrar de lo que absorbe de su medio o usted ha influido en esas perspectivas? ¿Cuál es su postura o actitud ante la política? ¿Participa usted responsablemente como ciudadano?

Autoestima

> La satisfacción de la necesidad de autoestima conduce a sentimientos de autoconfianza, valía, fuerza, capacidad y suficiencia, de ser útil y necesario en el mundo.
>
> Abraham Maslow

La autoimagen que es el resultado de la valoración personal se ha conformado principalmente en el entorno familiar, en la forma en que ha sido tratado, si la percepción de sí mismo/a es negativa o sobrevalorada la vulnerabilidad es mayor en esta etapa adolescente.

- *La aprobación de sus pares (los otros adolescentes) es prioritaria para ellos debido a que en esta etapa la aceptación, reconocimiento y reafirmación son esenciales.*
- *La forma en que él/ella perciba que se están desarrollando sus relaciones sociales es a partir más de lo que siente, su autoestima es un espejo que le refleja la manera en que piensan lo/la ven los demás.*
- *Si la percepción de sí mismo/a es negativa la vulnerabilidad es mayor porque puede acrecentar su devaluación o bien ser objeto de abusos, o bien convertirse en agresor/ra.*

Pida al adolescente que conteste este cuestionario, permita que lo haga con tranquilidad y en privado para que pueda realizarlo sin la presión de usted, el tiempo estimado para contestarlo es de 5 a 10 minutos.

Auto-Percepción - Autoestima A1-/T450°- 2	Cierto	Falso	Más o menos
1.- Me siento orgulloso de mí			
2.- Sé que soy importante			
3.- Soy inteligente			
4.- Soy buena persona			
5.- Me amo			
6.- He logrado muchas cosas			
7.- Me gusta mi apariencia, me gusto			
8.- Me cuido (alimentarión, ejercicio, aseo, etc)			
9.- Tengo una actitud alegre			
10.- Soy capaz de hacer las cosas bien			

Consideraciones a los resultados A1-T450°- 2

Si la mayoría de las respuestas fue "Cierto", por favor, pase a un siguiente filtro, usted. Reflexione sobre cada una de las respuestas y piense detenidamente en la pregunta, ¿es real la autopercepción?, usted puede entusiasmarse por el deseo de ver a su hijo/a bien, y es precisamente ese deseo lo que en muchas ocasiones hace que los padres no perciban adecuadamente la realidad.

Si la mayoría de las respuestas fue "Falso", es probable que a usted no le gusten las respuestas y trate de justificarlas, por favor, no lo intente. Puede usted tener razón en cuanto a la perspectiva de las respuestas, pero es su perspectiva, y aquí, lo más importante es lo que piensa y siente el adolescente, por lo que no dude en que hay algo de fondo, hay riesgo.

La respuesta de "Más o menos" es la más complicada por existir dos factores esenciales, la indefinición o el autoengaño, cualquiera de las dos es un indicador de riesgo.

Ejercicio A1-T450°- 2a:

Pida a su hijo/a que escriba DOS CUARTILLAS que hablen de él/ella, y las instrucciones son tal como sigue:

Por favor escribe (a mano) dos cuartillas en las que hables de ti, te pido que pongas todo lo que te describe, tus talentos, tus habilidades, tus logros... todo lo que puedas decir de ti.

Consideraciones a los resultados del A1-T450°- 2a

¿Qué sucedió?, ¿le entregó las dos cuartillas? Felicidades, no es tan sencillo que un adolescente pueda describirse con tanta facilidad. ¿No ha podido concluir todo el ejercicio?, no se preocupe, generalmente no lo hacen.

En el caso de haber realizado las dos cuartillas, lea el documento, ¿qué dice? o, mejor dicho, ¿qué no dice?, las pocas veces que he tenido la oportunidad de leer un ejercicio completo, me han dado grandes lecciones, le pido que lo lea detenidamente... en algunas ocasiones me he encontrado con cartas que pueden arrancar toda clase de sentimientos al darme cuenta de todo lo que expresan, dicen tanto de sí mismos, de una manera tan amorosa, tan descriptiva que se hace un nudo en el corazón, aún aquellas en las que se describen como no "buenos", en otras, sus dificultades, también hablan, sin coherencia algunas, otras repetitivas o bien justificando por qué no pueden, pero lo más importante es que en esta actividad usted, si se lo propone, encontrará mucho de su hijo/a que tal vez pocas veces se deje ver.

- ✓ *El amor no es una fórmula ni mucho menos la expresión del amor, pero el amor tiene un lenguaje más allá del corazón, abra su mente, su ser, para reconocer a su hijo/a, nadie es como él/ella por lo que nadie podrá decirle nada que sólo él/ella diga y que sólo usted reconozca.*

Perspectiva de Vida

> Aquel que tiene un por qué, para vivir, se puede enfrentar a todos los "cómos".
>
> Friedrich Nietzsche

Es común que se presenten algunas alteraciones, por diferentes aspectos en la etapa de la adolescencia, sin embargo, la perspectiva de vida es un factor determinante para encontrar riesgos de depresión o ideación suicida, por lo que saber qué piensa y siente sobre algunos aspectos que conforman la relación que tiene a partir de su yo con el mundo es vital.

> *Una ideación suicida puede manifestarse tan sutilmente en nuestras vidas que difícilmente es percibida, hablar en negativo la mayor parte del tiempo es un indicio de depresión.*

Pida al adolescente que conteste este cuestionario, permita que lo haga con tranquilidad y en privado para que pueda realizarlo sin la presión de usted, el tiempo estimado para contestarlo es de 10 a 15 minutos.

Auto-Percepción - Perspectiva de Vida A1-/T450° - 3	Cierto	Falso	Más o menos
1.- Creo que muchas cosas no valen la pena			
2.- Lloro o me siento triste constantemente			
3.- Cuando fallo me enojo mucho conmigo			
4.- Muchas veces las cosas no tienen sentido			
5.- Merezco los castigos que me imponen			
6.- Me molesta mucho la injusticia			
7.- Mis amigos se sienten de manera muy similar a mí			
8.- Creo que decepciono mucho a los demás			
9.- Es difícil muchas veces entender a mis papás			
10.- La escuela muchas veces me fastidia			
11.- Me cuesta trabajo tomar decisiones			
12.- A veces ni siquiera disfruto estar con mis amigos			
13.- Tengo dificultades para aprender			
14.- Las reuniones con la familia son aburridas			
15.- Mis padres son muy exigentes			
17.- Me siento cansado casi siempre			
18.- Los días a veces me parecen muy largos			
19.- Las cosas que me pasan son por mi culpa			
20.- No duermo bien			

Consideraciones a los resultados A1-T450° - 3

Analice las preguntas y piense en lo que ha contestado, estas van en el sentido de hacerle a usted saber de algunos aspectos importantes que pudieran ser generadores de riesgo, puesto que existen elementos de valoración de su mundo, las sensaciones que le acompañan, su autocrítica, su nivel de exigencia y los aspectos que están influyendo en su claridad de pensamiento y desempeño.

La mayoría de "Cierto" es claramente una señal, no minimice las respuestas al adjudicarlas al proceso "natural" de la adolescencia, lamentablemente en la actualidad se han desarticulado mucho los criterios que hasta ahora se habían tenido sobre las conductas y comportamientos de los adolescentes, es altamente probable que podamos equivocarnos. Eso ha cambiado.

Si las respuestas fueron en su mayoría "Falso", ¿puede usted afirmar que efectivamente su hijo/a está sintiendo y pensando positivamente? y hablamos de que generalmente piense de manera positiva, porque obviamente, eventualmente, todos tenemos una perspectiva negativa en un periodo determinado, pero no de forma permanente, pero la pregunta obligada será, ¿usted habla en positivo también?

Las respuestas que no tiene una definición, como en este caso de "Más o Menos", que fueran mayoría, son sinónimo de indecisión, falta de claridad o un bajo nivel de confianza interna y externa, lo que probablemente nos pudiera indicar que su entorno no es lo suficientemente atractivo, ni siquiera para llamar su atención, es decir, sus anclas de resiliencia están débiles. Hay riesgo.

Suicidio
Las Señales Silenciosas
Guía para Padres

Área 2

El Transportador 450°

Si queréis formar juicio acerca de un hombre, observad quienes son sus amigos.
Fenelón

INDIVIDUALIDAD (Intimación)

Privada
Yo - Otro

Área 2

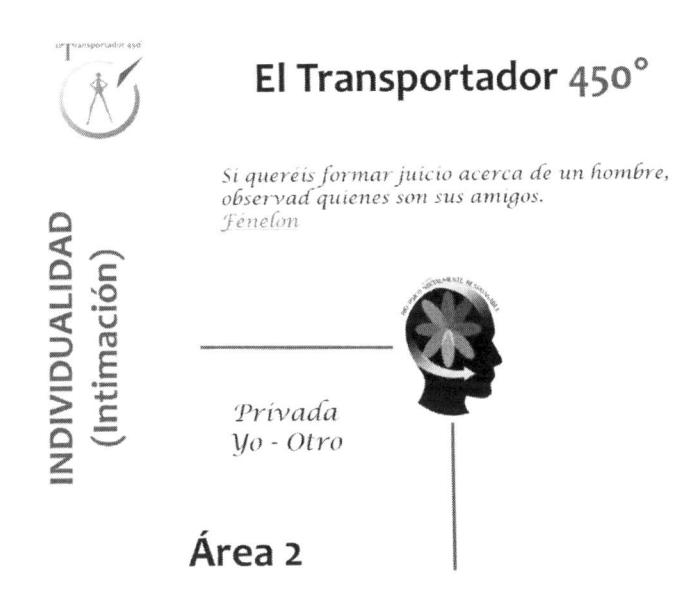

Yo – Con el Otro: Esta relación procederá a partir de la identificación con otro y fincándose en la afectividad.

> En el fondo son las relaciones con las personas lo que da sentido a la vida.
>
> Karl Wilhelm Von Humboldt

La forma en que se dan las relaciones en el entorno familiar significa usos y costumbres, hábitos, normas, por las que se rigen las interacciones de los integrantes de la familia, su beneficio, cuando es saludable, promueve bienestar y creatividad. El ambiente familiar es el resultado de las emociones que son percibidas por los miembros durante su convivencia cotidiana y repercute en todos los ámbitos de la vida.

- La casa es una estructura, una edificación, tiene como objeto ser utilizada con fines de vivienda, el hogar es el resultado de la convivencia, como el entorno familiar es la forma en que se vive esa convivencia.
- Ahí aprendemos a relacionarnos y cómo relacionarnos.
- Nos proporciona una idea del mundo, de la vida y de cómo vivirla.

Entorno Familiar

- La familia es base de la sociedad y el lugar donde las personas aprenden por vez primera los valores que les guían durante toda su vida.

  Juan Pablo II

Pida al adolescente que conteste este cuestionario, permita que lo haga con tranquilidad y en privado para que pueda realizarlo sin la presión de usted, el tiempo estimado para contestarlo es de 5 a 10 minutos.

Auto-Percepción - Entorno Familiar A2-/T450° - 1	Cierto	Falso	Más o menos
1.- Disfruto estar en casa			
2.- Me siento respetado por mis padres			
3.- En casa tenemos buena comunicación			
4.- Mis opiniones son importantes			
5.- Tenemos una convivencia cotidiana agradable			
6.- En casa conversamos de las cosas que hacemos sin problema			
7.- Mis padres son educados			
8.- Todos cumplimos con nuestros deberes			
9.- Convivimos regularmente como familia en actividades recreativas			
10.- Me gusta mi casa			

Consideraciones a los resultados A2-T450° - 1

La mayoría de Cierto, evidencia una tendencia saludable en la percepción del adolescente, se recomienda realizar preguntas más particulares sobre los temas, sus respuestas deberán ser seguras y sin titubeos para reconfirmar que efectivamente así lo aprecia.

En caso de que la mayoría sea Falso, antes de cuestionar sus respuestas, reflexione detenidamente en cada una de las respuestas, es probable que en especial una de ellas sea el disparador para su apreciación y no necesariamente todas, aunque ello no signifique que para él/ella no es un ambiente adecuado.

En el caso de mayoría de Más o Menos en sus respuestas se muestra que hay aspectos en los que no está de acuerdo y no tiene la suficiente confianza para expresarlos, hay riesgo porque entonces la apertura para que él/ella exprese no es la óptima y se cierra a la comunicación.

Comunicación con los padres

✓ El mejor legado de un padre a sus hijos es un poco de su tiempo cada día.

León Battista Alberti

Una de las características de la vida moderna es la rapidez con que nos desenvolvemos, motivo en el cual se pierden esos pequeños grandes detalles que después, ante una situación de conflicto o situación crítica, se vuelven contra nosotros como elementos de culpa por no habernos detenido un instante, un momento para reconocernos y alimentar los lazos afectivos y mostrar la importancia que tenemos, el querer saber del otro, el sentirnos, y digo claramente, "reconocernos" porque la vida nos transforma día a día y no de pronto.

Pida al adolescente que conteste este cuestionario, permita que lo haga con tranquilidad y en privado para que pueda realizarlo sin la presión de usted, el tiempo estimado para contestarlo es de 15 a 20 minutos.

Auto-Percepción - Comunicación A2-/T450°-2	Cierto	Falso	Más o menos
Tus padres:			
1.- Hablan contigo para saber como te sientes			
2.- Preguntan por tus experiencias del día			
3.- Conocen de las cosas que son importantes para ti			
4.- Saben de las cosas que te preocupan			
5.- Te hablan con cordialidad			
6.- Aceptan cuando se equivocan con respecto a ti			
7.- Te abrazan y te dicen que te aman			
8.- Te brindan confianza cuando tomas decisiones			
9.- Puedes hablarles sin temor			
10.- Te dan confianza para expresarte			
11.- Te dejan tomar tus propias decisiones			
12.- Te reconocen tus logros			
13.- Te permiten hablar de los temas difíciles para ti			
14.- Te escuchan hasta que terminas de exponer tus razones			
15.- Han hablado de tú sexualidad			

Consideraciones a los resultados A2-T450° - 2

La relación que cotidianamente se tiene se ve reflejada en el momento preciso del conflicto porque es hasta ese momento cuando las interrogantes (vacíos de la comunicación) se vuelven motivo de reclamo mutuo y evidencian claramente la forma en que se están comunicando, o, mejor dicho, no comunicando.

Mayoría de Cierto, marca una tendencia saludable en la comunicación, sin embargo, si las preguntas fueran para usted, ¿podría afirmar que todas son reales, tal como él/ella las ha respondido?, si usted está cierto en que se da el tiempo, cuando menos 3 veces por semana y sin algún motivo particular se sienta a platicar con su hijo/a, de por sentado, que sí tienen buena comunicación.

Si la mayoría de respuestas están en la categoría de Falso la percepción del adolescente es negativa y denota un grave problema en la comunicación con ustedes, no obstante, pregúntese ahora si cuando habla con él/ella grita, se desespera, o tiene la capacidad de explicarle cuando menos 3 veces de lo que están hablando, o da por terminada la conversación, o bien cuando él/ella quiere hablar usted lleva prisa, está ocupado, etc.

Si es Más o Menos, no dude que hay un problema porque prefiere no decir nada que lo comprometa, es probable que no quiera expresar que la respuesta es negativa por temor, o bien porque no le importa, y ahí, está lo delicado, hay riesgo.

EJERCICIO A2-T450° - 2a: Les pido que realicen el mismo cuestionario ustedes con respecto al adolescente, que lo contesten en los particulares de las preguntas, después de finalizado compare con las respuestas de su hijo/a, ¿coinciden? significa que tienen una buena comunicación, sin embargo, esos enunciados son muy generales, y si hablamos de particulares me gustaría que contesten las siguientes preguntas.

1.- ¿Qué días son los de menstruación de su hija?
2.- ¿Su hijo/a ha tenido ya relaciones sexuales? ¿Cómo lo sabe?

3.- ¿Ha visto a su hijo/a en traje de baño? lo pregunto para que usted esté cierto/a de que no tiene marcas de cortes en el cuerpo (brazos, piernas, abdomen, etc.)

4.- ¿Ha cambiado su forma de vestir su hija? el embarazo en adolescentes generalmente se descubre por los padres alrededor de los 4 a 5 meses.

Estas son algunas de las preguntas sobre la vida cotidiana de su hijo/a. ¿Cuántas preguntas y acciones importantes y tan sencillas no se están haciendo?

Relación entre los padres

- Todo está perdido cuando los malos sirven de ejemplo y los buenos de mofa.

Demócrito

La educación parte de un principio fundamental, el ejemplo, nada habrá que pueda ir en contra de usted mismo que no sea su conducta y comportamiento, tanto en su vida cotidiana como en la relación que tiene con la madre/padre del adolescente.

- Nunca lo ponga a elegir entre usted y su madre/padre.
- No lo haga objeto de chantaje por un problema que no pueda resolver con su pareja.
- Discutir sobre el padre/madre lo/la lastima creando una sensación de abandono.
- Una de las descalificaciones mayores que se tienen por parte de los adolescentes es que "los padres piden lo que ellos no hacen".
- Las discusiones sobre él/ella sólo le mostrarán quién tiene el poder y lo utilizará para sus propios fines (cualesquiera que éstos sean).

Pida al adolescente que conteste este cuestionario, permita que lo haga con tranquilidad y en privado para que pueda realizarlo sin la presión de usted, el tiempo estimado para contestarlo es de 05 a 10 minutos.

Auto-Percepción - La relación entre padres A2-/T450°-3	Cierto	Falso	Más o menos
Tus padres:			
1.- Tienen una mala relación entre ellos			
2.- Cuando quiero hablar con ellos no me hacen caso			
3.- Generalmente están de malas			
4.- Usan muchas groserías (malas palabras)			
5.- No son educados (no tienen buenas maneras)			
6.- Gritan entre ellos y a mí			
7.- Ellos creen tener siempre la razón			
8.- Generalmente son injustos			
9.- Siento que no son felices			
10.- No cumplen sus promesas			

Consideraciones a los resultados A2-T450° - 3

Un efecto colateral que afecta radicalmente en la comunicación que el adolescente pueda tener con usted es la forma en que percibe su relación de pareja y que formará parte fundamental en su vida.

La mayoría de Cierto indica que la percepción que tiene de su relación es dañina y está generando un grave conflicto en el adolescente debido a que ambos son importantes para él/ella, y lo colocarán en una disyuntiva, incluso, en muchas ocasiones a tomar partido, lo que representaría una pérdida de afecto.

Mayoría de Falso indica que la relación entre ustedes es buena ante su percepción y le inspira confianza porque el ejemplo que recibe es tangible, sin embargo, tome en cuenta si es usted, quien está preguntando, es el "preferido/a", eso hará la gran diferencia porque las relaciones son lineales, por lo que deberá reflexionar sobre la forma en que posiblemente usted ha interferido en esa percepción.

La mayoría de Más o Menos es grave porque quizá no sea del todo honesto debido a que en el fondo está ante la disyuntiva de tener que decidir entre uno de los dos, ya sea por convivencia propia o por lo que usted le haya dicho de su padre/madre, y esto no es nada saludable para él/ella.

Sus amigos

/ Un amigo es uno que lo sabe todo de ti y a pesar de ello te quiere.

Elbert Hubbard

En la adolescencia la amistad, aunque es real, se nubla ante la necesidad de aceptación natural, recuerde que está en el proceso de búsqueda de identidad, de su estilo, y la necesidad de aceptación, reconocimiento y reafirmación están en un proceso de consolidación.

/ *El adolescente es altamente sensible por lo que los lazos con sus amigos son sinceros, profundos, y cualquier situación que le pase al otro, le reflejará sus propias inquietudes, necesidades, enojos, etc.*

/ *La relación con sus amigos se finca en los lazos emocionales y crea un nivel de confianza para hablar de sus "cosas" entre ellos, por lo que, con justificación en la amistad, muchas veces ocultarán estas problemáticas que les acompañan y que en un momento determinado puede identificarlos o influirlos de forma personal, generando, acrecentando y/o afianzando sus propios problemas.*

Pida al adolescente que conteste este cuestionario, permita que lo haga con tranquilidad y en privado para que pueda realizarlo sin la presión de usted, el tiempo estimado para contestarlo es de 10 a 15 minutos.

Auto-Percepción - Amigos A2-/T450°- 4	Cierto	Falso	Más o menos
Algunos de mis amigos/as:			
1.- Muchas veces es mala onda			
2.- Sufre violencia en su casa			
3.- Ha sido abusado/a sexualmente y no se lo ha dicho a nadie			
4.- Es incomprendido/a por sus padres			
5.- Fuma o toma			
6.- Tiene un noviazgo problemático			
7.- Abusa de la amistad			
8.- Usa drogas			
9.- Ya tiene relaciones sexuales			
10.- Muchas veces es negativo/a y agresivo/a			
11.- Tiene problemas con el peso			
12.- Ha intentado suicidarse			
13.- Es infeliz			
14.- Realiza actividades ilícitas			
15.- Vive fuera de su casa			

Las preguntas están en singular con la finalidad de que el adolescente piense de forma particular, con lo que podrá describir a varios, no sólo a uno de sus amigos/as.

Consideraciones a los resultados A2-T450°- 4

La mayoría de Cierto indica que sus amigos/as están en situaciones de riesgo, y aunque sea uno probablemente en cada caso, en su conjunto crean un ambiente no saludable entre ellos.

La mayoría de Falso evidencia que sus amigos/as viven en condiciones de normalidad por lo que su ambiente está dentro de la generalidad, sin embargo, aprovechando este acercamiento, pregúntele sobre los "otros adolescentes" que puedan estar teniendo esta situación, que, aunque no son cercanos si habría que estar atentos.

La mayoría de Más o Menos indica un riesgo debido a que, y como se mencionó, entre ellos la lealtad es un valor muy apreciado, por lo que deberá acercarse más a su hijo/a para generar el canal de confianza para su apertura, ahí hay grandes posibilidades de riesgo y que es necesario conocer.

El noviazgo

> Lo que hoy siente tu corazón, mañana lo entenderá tu cabeza.
>
> Anónimo

El encuentro con el amor en la adolescencia trastoca no sólo su corazón, también las inquietudes naturales que le acompañan en esta etapa y que lo ponen en un alto riesgo porque su despertar al amor lo hace vulnerable ante las posibles dificultades, que no sólo en la misma relación se den, sino ante las circunstancias en las que el otro/a se encuentre y que sentirá como propias, porque como apunta Lope de Vega, "La raíz de todas las pasiones es el amor. De él nace la tristeza, el gozo, la alegría y la desesperación"

Pida al adolescente que conteste este cuestionario, permita que lo haga con tranquilidad y en privado para que pueda realizarlo sin la presión de usted, el tiempo estimado para contestarlo es de 5 a 10 minutos.

Auto-Percepción - Relación Amorosa A2-/T450°-5	Cierto	Falso	Más o menos
En tu relación de pareja, él/ella:			
1.- Está de buen humor, aunque a veces cambia muy rápido			
2.- Es muy detallista, siempre está atento/a de mis cosas más que yo mismo/a			
3.- No tiene una buena relación con sus padres			
4.- Es poco popular en la escuela			
5.- Es muy cuidadoso/a en su arreglo, creo que exagera			
6.- Cuando estamos juntos hablamos mucho más que divertirno, nos gusta hablar de nuestras cosas			
7.- Es celoso/a			
8.- No tiene muchos amigos/as			
9.- Preferimos estar solos que en compañía de los demás compañeros y amigos			
10.- Siempre contará con mi apoyo incondicionalmente			

> ✓ Los problemas en la relación del noviazgo, tanto por la convivencia entre ellos, o los problemas que el otro/a pueden estar teniendo, en su entorno familiar o de forma personal, representan estadísticamente un alto riesgo de una conducta suicida en el adolescente.

Consideraciones a los resultados A2-T450° - 5

Mayoría de Cierto indica que la relación en la que el adolescente está tiene muchas evidencias que pueden poner en riesgo la estabilidad de su hijo/a por lo que será indispensable tomar acciones al respecto.

Mayoría de Falso, es una relación que se encuentra dentro de los parámetros de un noviazgo saludable, sin embargo, es importante que ustedes reflexionen un momento, ¿conocen al chico/a?, ¿a sus padres? ¿saben en qué condiciones se desenvuelve el entorno familiar del novio/novia?, ¿podrían contestar, como en el cuestionario A2-T450°-2, pero enfocado al novio/a de su hijo/a?, finalmente, aunque momentáneamente, forma o debiera formar parte de su entorno familiar.

Mayoría de más o menos muestra que el adolescente no puede definirlo, ya sea porque no le parece que tenga estos problemas o bien los niega para que ustedes no tengan una reacción negativa que ponga en riesgo su deseo de continuar con esa relación. Obviamente aquí el riesgo no sólo lo es la relación sino el cuestionamiento al nivel de confianza que tenga con ustedes.

NOTA: Si su hijo/a, no tiene o ha tenido novio/a, deberá asegurarse de que esto no ha sucedido porque no se ha "enamorado" porque aún no encuentra al chico/a que le robe el corazón, y no por tener dificultades para relacionarse con el sexo opuesto.

Suicidio
Las Señales Silenciosas
Guía para Padres

Área 3

El Transportador 450°

El ingrediente más importante en la fórmula del éxito es saber llevarse bien con las personas.

Theodore Roosevelt

INDIVIDUALIDAD (Intimación)

COLECTIVIDAD (Socialización)

Social
Yo - Otros

Área 3

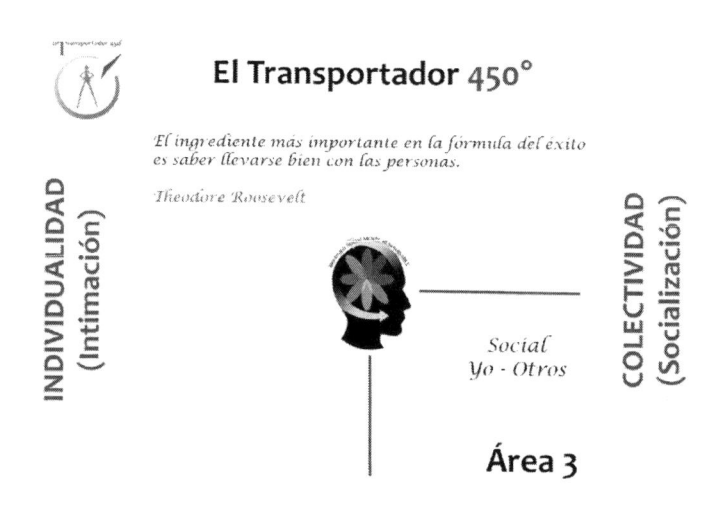

Yo – Con los Otros: Esta relación, que procede de la interacción con otros de manera general donde su auto-estima jugará un papel importante para relacionarse de manera saludable o destructiva, consigo mismo y/o con los otros, es el punto esencial de retroalimentación en su vida personal social.

> ✓ Yo necesito compañeros, pero compañeros vivos; no muertos y cadáveres que tenga que llevar a cuestas por donde vaya.
>
> Friedrich Nietzche

La convivencia escolar es un entorno importante para el adolescente, su proceso de socialización individual es expuesto al entorno social y lo pone en contacto con otros ambientes que son diferentes a su contexto particular, y por la característica natural de la edad, es posible que sea influenciado o tenga conflictos a pesar de no tener dificultades en su entorno familiar de origen.

> ✓ *La educación en la pluralidad de la sociedad, que se haya inculcado en él/ella jugará un papel importante en su capacidad de adaptación y sobre todo para evitar el proceso de mimetización negativa.*

Pida al adolescente que conteste este cuestionario, permita que lo haga con tranquilidad y en privado para que pueda realizarlo sin la presión de usted, el tiempo estimado para contestarlo es de 05 a 10 minutos.

Auto-Percepción - Los compañeros A3-/T450°-1	Cierto	Falso	Más o menos
1.- Tenemos buena comunicación			
2.- Nos llevamos bien entre todos			
3.- Nos hablamos por nuestro nombre (no usamos apodos denigrantes)			
4.- No hay abusos ni burlas de unos a otros			
5.- Las niñas respetan a los niños			
6.- Los niños respetan a las niñas			
7.- No hablamos con majaderías			
8.- Nos apoyamos cuando hay un conflicto			
9.- Estamos en contacto por redes sociales			
10.- Nos comportamos con educación			

Consideraciones a los resultados del A3-T450° - 1

Este cuestionario está establecido para conocer la veracidad con la que ha contestado el adolescente y proporcionarle a usted una guía de cuestionamientos sobre puntos particulares con su hijo/a y que le permitan ahondar más detalladamente sobre la vida escolar. Las preguntas están dadas en función de comportamientos que se practican diariamente entre ellos, la importancia del cuestionario es que con estos elementos usted pueda determinar el nivel, la intensidad y, sobre todo, cuántos de esos comportamientos está teniendo su hijo/a o bien es objeto de ellos. Ustedes determinarán el resultado.

Imagen social

> ✓ Sólo me siento valioso por ser como soy, puedo aceptarme, puedo ser auténtico, puedo ser verdadero.
>
> Jorge Bucay

La imagen social del adolescente no es sólo cuestión de forma sino de fondo, es decir, las características, conductas y comportamientos que rodean su apariencia, harán un conjunto de satisfactores o insatisfacciones que repercuten en su autoimagen y por ende en su autoestima, ya sea real o no.

- ✓ No es sólo la forma en que se ve sino cómo se relaciona.

- ✓ La vida social del adolescente es vital para la conformación de sus parámetros de seguridad y confianza, presente y futura.

Pida al adolescente que conteste este cuestionario, permita que lo haga con tranquilidad y en privado para que pueda realizarlo sin la presión de usted, el tiempo estimado para contestarlo es de 15 a 20 minutos.

Auto-Percepción - Entorno Social A3-/T450° - 2	Cierto	Falso	Más o menos
1.- Se me facilita hacer nuevos amigos/as			
2.- Me gusta participar en las actividades de grupo			
3.- Mis amigos/as me escuchan con interés			
4.- Participo mucho en las clases, no tengo problemas para expresarme			
5.- Mis amigos/as se preocupan por mí			
6.- Me gusta platicar con todos porque me identifico fácilmente			
7.- Mis amigos/as me cuentan sus cosas porque me tienen confianza			
8.- Me gusta ser quien organiza las actividades cuando se requiere			
9.- Mi opinión es importante para mis amigos/as			
10.- Me agrada la gente que conozco			
11.- Tengo muchos amigos/as			
12.- Mis amigos/as me apoyan cuando estoy triste o preocupado/a			
13.- Soy muy expresivo/a física y verbalmente			
14.- Mis amigos/as me piden que intervenga cuando hay problemas entre ellos			
15.- Me invitan siempre a las fiestas			
16.- Aún enojado/a mis amigos/as me entienden			
17.- A mis amigos/as les gusta como visto			
18.- Mis sentimientos son respetados por mis amigos/as			
19.- Me dicen que soy muy alegre			
20.- Mis amigos/as me buscan mucho			

Consideraciones a los resultados A3-T450° - 2

Mayoría de Cierto indica que su mundo social le hace sentirse cómodo/a con satisfactores esenciales para el desarrollo en su seguridad y confianza, y que además muestra que el adolescente tiene una influencia en sus pares en gran medida, por lo que será necesario que reflexione si esta influencia que tiene es positiva o negativa.

Si la mayoría es Falso hay evidencia que más allá de su apariencia está teniendo dificultades en su capacidad de interacción y que definitivamente tendrá una repercusión negativa. Requiere apoyo.

Si la mayoría es Más o Menos, deberá poner especial atención en cuáles son los aspectos que están impidiendo que su desenvolvimiento no sea el ideal para él/ella, recuerde que precisamente está en la etapa de formación de su identidad, hay riesgo en su autoimagen y autoestima.

Los siguientes tres ejercicios son para ustedes, tienen la finalidad de apoyarles en la evaluación particular de su hijo/a, por lo que deberán ser lo más honestos posibles, de ello dependerá que el cuestionario anterior tenga mayor efectividad y les facilite tomar acciones adecuadas. El tiempo estimado para realizarlo es de 20 minutos.

A3-T450°-2a Conteste las siguientes preguntas

Auto-Percepción - Entorno social de su hijo/a I A3-/T450° - 2a	Cierto	Falso
1.- Ríe con mucha facilidad		
2.- Tiene muchos/as pretendientes/as		
3.- Es fluido/a en su comunicación		
4.- Es detallista		
5.- Es creativo/a - ingenioso/a		
6.- Es amigable		
7.- Lo/a buscan mucho sus amigos/as		
8.- Es activo/a		
9.- Expresa abiertamente sus logros		
10.- Le gustan las mascotas		
11.- Tiene muchos amigos/as		
12.- Es solidario/a		
13.- Es positivo/a		

Estas preguntas están en función de que usted reflexione un momento sobre los comportamientos y actitudes de su hijo/a, donde esencialmente usted deberá reflexionar a partir de integrar un elemento esencial de este cuestionario, su calidad humana, porque no se trata solamente que sea agradable, recuerde que las mejores características de las personas inadecuadas, son muy similares, pero con una motivación negativa.

A3-T450° - 2b

Auto-Percepción - Entorno social de su hijo/a II A3-T450° - 2B	Cierto	Falso
1.- Participa en alguna actividad extraescolar (danza, deporte, música, etc.)		
2.- Tiene interés en varios temas y se documenta		
3.- Tiene planes para el futuro		
4.- Le importa el bienestar de las personas		
5.- Se alimenta adecuadamente		
6.- Se interesa por cosas nuevas		
7.- Su complexión es acorde a su estatura		
8.- Es cuidadoso/a en su arreglo personal		
9.- Siempre habla con la verdad		
10.- Le importa la opinión de los demás		
11.- Sobresale en alguna actividad		
12.- Participa en actividades altruistas		
13.- Es respetuoso/a del medio ambiente natural (ecología)		

En este cuestionario, también continúa siendo un eje la calidad humana del adolescente, sin embargo, aquí ya aparecen aspectos más tangibles por los cuales su hijo/a puede ser o no una persona atractiva para sí mismo/a o para los demás.

Reflexione, ¿qué está haciendo a su hijo/a atractivo? ¿Qué está haciendo usted para apoyarlo?

A3-T450° - 2c

Auto-Percepción - Entorno social de su hijo/a III A3-T450° - 2C	Cierto	Falso
1.- Se expresa en forma respetuosa de los adultos y cualquier figura de autoridad, aunque no comparta sus opiniones (frente o a espaldas)		
2.- Respeta las tradiciones familiares y de la comunidad		
3.- Practica las normas de urbanidad y los buenos modales		
4.- Respeta las normas urbanas (no tirar basura en la calle, repetar el reglamento de tránsito, etc.)		
5.- Está conciente de las conductas que están fuera de la legalidad		
6.- Es cuidadoso/a con la propiedad ajena		
7.- Tiene concienia del respeto al bien común		
8.- Es considerado/a y trata con dignidad a las personas con discapacidad		
9.- Tiene un pensamiento de inclusión en materia de diversidad (religión, diversidad sexual, raza, etc.)		
10.- Practica los principios de equidad entre hombres y mujeres		

El comportamiento o conducta que su hijo/a tiene con respecto al respeto a las normas de convivencia en el mundo social, es un claro indicador de la educación que ha recibido en su entorno familiar, ya que el mundo social es sólo una extensión de la manifestación individual.

NOTA: El criterio para estos ejercicios es claro, cierto o falso, la indefinición en el adolescente tiene validez por su proceso mismo, pero en el caso de ustedes deberán tener más claridad sobre su evaluación, recuerde que una autopercepción corre el riesgo de ser más subjetiva, y aunque ustedes pudieran ser subjetivos, deben estar conscientes sobre la responsabilidad que implica el serlo.

Entorno docente

> ✓ Lo que el maestro es, es más importante que lo que enseña.
>
> Karl A. Menninger

En el entorno escolar la actuación de los docentes es esencial en los adolescentes debido a que ellos no solamente son el medio para la enseñanza, son las figuras de autoridad que regulan las interacciones.

> ✓ *La admiración y respeto que los adolescentes pueden tener de sus maestros es un estímulo que los alienta a ser mejores estudiantes, si, por el contrario, su figura representa debilidad o rechazo, la unión entre los jóvenes puede resultar dañina afectando el entorno escolar.*

Los maestros son figuras esenciales en la vida de los estudiantes porque representan las prácticas en el mundo social del adolescente y su influencia es tan determinante como la de los padres porque tienen en su función la formación intelectual y académica que se integrará a la educación del adolescente.

Es importante subrayar para los fines de práctica bajo esta perspectiva humanística, que la educación en la formación de la conducta y comportamientos éticos y de valores como persona son de origen familiar y, que de la escuela son la integración de los elementos sociales e intelectuales del mundo.

Pida al adolescente que conteste este cuestionario, permita que lo haga con tranquilidad y en privado para que pueda realizarlo sin la presión de usted, el tiempo estimado para contestarlo es de 05 a 10 minutos.

Auto-Percepción - Los maestros A3-/T450°-3	Cierto	Falso	Más o menos
1.- Se llevan bien entre ellos			
2.- Son educados			
3.- Hablan sin palabrotas			
4.- Están de buen humor			
5.- Llegan a tiempo			
6.- Resuelven dudas sobre los temas			
7.- Resuelven los conflictos del grupo adecuadamente			
8.- Son imparciales (no tiene consentidos)			
9.- Brindan confianza			
10.- Motivan para aprender			

Consideraciones a los resultados del A3-T450° - 3

Mayoría de Cierto, el ambiente en el que se desenvuelve el grupo está dentro de los parámetros de normalidad.

Si la mayoría es Falso, definitivamente las figuras de los maestros en general están teniendo un impacto negativo en el entorno de los adolescentes.

Más o Menos en mayoría significaría que la percepción no es homogénea para todos los maestros, por lo que es importante indagar de quién o quiénes específicamente pueden tener una percepción negativa.

Entorno Institucional Educativo

/ Educad a los niños y no será necesario castigar a los hombres.

Pitágoras

La institución educativa es un conjunto de elementos que de manera integral impactan la vida del adolescente porque en su entorno existen diferentes formas de aprendizajes y de riesgos, por lo que es importante estar más cercanos no sólo a su grupo en particular sino a la escuela en un contexto mayor.

Pida al adolescente que conteste este cuestionario, permita que lo haga con tranquilidad y en privado para que pueda realizarlo sin la presión de usted, el tiempo estimado para contestarlo es de 10 a 15 minutos.

Auto-Percepción - La escuela en general A3-/T450° - 4	Cierto	Falso	Más o menos
1.- Los directivos son educados			
2.- Tenemos confianza con el director/a			
3.- La escuela está limpia y se siente un ambiente agradable			
4.- Contamos con todos los requerimientos para estudiar adecuadamente			
5.- Nos informan de los asuntos importantes que suceden en la escuela			
6.- Los maestros tienen buena comunicación con los padres			
7.- Las normas se respetan y cumplen			
8.- Hay vigilancia			
9.- Las instalaciones son seguras			
10.- No hay forma de que extraños entren a la escuela			
11.- Conocemos los procedimientos en caso de emergencias (protección civil)			
12.- Las autoridades de la escuela están pendientes de que no sucedan casos de bullying, drogadicción, pandillerismo, etc.			
13.- La escuela promueve la equidad de género, inclusión y derechhos humanos			
14.- La institución promueve las prácticas cívicas y éticas			
15.- El ambiente exterior de la escuela es seguro			

Consideraciones a los resultados del A3-T450° – 4

Mayoría de Cierto indica que la percepción del adolescente sobre su contexto escolar es adecuada.

Mayoría de Falso existen algunos elementos que pueden poner en riesgo el ambiente estudiantil a partir de las gestiones institucionales y que habrá que observar con mayor detenimiento y sobre todo trate de puntualizar sobre los aspectos que su hijo/a están considerando negativos.

Si es Más o Menos mayoría, trate de conversar con su hijo/a para determinar cuáles son los elementos que le causan indecisión sobre las respuestas para tener con puntualidad los posibles riesgos que él/ella perciben.

Con respecto a los últimos dos cuestionarios A3-T450°- 3 y A3-T450° -4 se recomienda tener más acercamiento al entorno escolar de su hijo/a, sobre todo a partir de estas perspectivas, en muchas ocasiones la relación de los padres con la escuela se dan solo en el contexto particular de su hijo/a, por lo que es importante que aprenda a observar de forma periférica los elementos en los que se desenvuelve el entorno escolar y se sugiere tener más comunicación y participación en los asuntos institucionales para promover mejores prácticas si es que así se requiere.

Suicidio
Las Señales Silenciosas
Guía para Padres

Área 4

El Transportador 450°

Área 4
Pública
Yo - Demás

INDIVIDUALIDAD (Intimación)

COLECTIVIDAD (Socialización)

"Para educar a un niño/a hace falta la tribu entera"
Proverbio africano

Yo – Con los Demás: Este aspecto de las relaciones pertenece a un tipo de relación colateral, que de manera consciente o inconsciente se manifiesta a partir de la dinámica social que se genera en el entorno global y que incidirá en su manera de integrarse en general a la vida colectiva en sociedad.

Consideración al Área 4

Estimados padres:

Hasta ahora he compartido con ustedes una serie de herramientas con las cuales iniciar una detección de señales silenciosas de depresión y suicidio de forma preventiva, con las que puedan darse cuenta de los posibles riesgos que ponen en peligro el bienestar de su hijo/a, no obstante, quiero decirles que no son más que eso, herramientas, herramientas inanimadas, pero que deseo que en sus manos se conviertan en herramientas vivas, que con su experiencia las enriquezcan y las mejoren y, que puedan incluso, detectar otras señales de riesgo en otras áreas de la vida, de su entorno familiar, en fin, son suyas, utilícenlas y mejórenlas.

Sin embargo, les pido que, si la mayoría de los resultados han sido desfavorables, no lo piensen, busquen ayuda, porque esta tarea de ser padres ya implica mucho más de lo que podamos imaginar, no es cuestión de que sea un deber saberla y poder controlarla. El proceso natural de la adolescencia se ha transformado en algo muy complejo, pero quiero decirles que no están solos en esta difícil tarea, juntos podremos.

Es por ello, que en esta última parte deseo entregarles no una herramienta de detección, una herramienta que pueda apoyarles de forma inicial en un acercamiento a su hijo/a, y quiero hacerlo, porque durante los muchos años de trabajo con los padres, he compartido sus experiencias y es gracias a esto que esta guía está siendo posible y, porque la experiencia me ha enseñado que ningún intento por hacer las cosas mejor, está de más.

- La moralidad tiene que ver, sin duda, con la justicia y con el bienestar de los otros, incluso con la promoción del bienestar general.

Habermas

El impacto de la vida en la sociedad y su dinámica es un factor que humanísticamente está quedando como un cabo suelto en el abordaje de la problemática de la depresión y el suicidio en los adolescentes. Como se mencionó, la sociedad no es un concepto inanimado ni externo a nosotros, es vivo y dinámico.

Habermas, en su interpretación sistémica de la sociedad hace referencia al mundo de vida como un subsistema responsable de los procesos de reproducción cultural, de integración social y de socialización, y de acuerdo con esta misma interpretación existen otros dos subsistemas que son, el económico y el administrativo público, que son responsables de la reproducción material de la sociedad, esta interacción de las diferentes manifestaciones de la vida social, en ese hacer diario del hombre, se generará la información del acontecer cotidiano de esa convivencia y que consecuentemente funciona como un estimulador de reacción y acción, positiva o negativa, consciente o inconsciente en las personas.

¿Información?, ¿qué tendría que ver la información con la depresión y suicidio con los adolescentes?, ¿con usted? ¿Conmigo? Mucho.

La información de ese acontecer diario, integrará constantemente nuevos conocimientos sobre cómo se desarrolla la vida en la sociedad en diferentes esferas y contextos:

- Gobierno y Política
- Seguridad
- Educación / Cultura
- Salud
- Religión
- Economía y Finanzas

- Espectáculos
- Deportes
- Ciencia y Tecnología
- Etcétera.

¿Por qué nos afecta actualmente la información? Esta información, que no sólo es local, sino global, influirá contundentemente en la perspectiva que se tiene sobre el grado de descomposición de este entramado social, principalmente por la ponderación que se percibe de los actos de corrupción, impunidad, inseguridad, delincuencia y violencia que están generando posturas de rechazo y condena, indignación e impotencia, alimentando colateralmente un sentimiento de desesperanza y una actitud de resignación ante lo que se considera que ya no tiene remedio. Esta percepción repercutirá en el bienestar, conductas o comportamientos invariablemente, porque afectan no sólo la perspectiva colectiva de la manifestación del Ser sino también la manifestación de la individualidad, de los adolescentes, de los adultos, de los padres...

Esta perspectiva individual al verse afectada por la dinámica social puede afianzar o transformar de forma saludable o destructiva, no sólo en la idea del mundo, sino de uno mismo, de la vida misma...

Los medios de comunicación, son el objeto, el conducto por el cual nos enteramos de ese acontecer, así que lo que importa es la información que recibimos y que nutre con esos conocimientos las perspectivas personales, no estamos cuestionando el medio, el medio, para nuestro fin, es impersonal, porque lo esencial para este enfoque es la capacidad de discernimiento que como seres humanos tenemos, esas habilidades para la vida de las que hemos sido provistos y con las cuales hemos transcendido en nuestra historia, por un lado, y por el otro la gestión de ese conocimiento, el cual hizo que buscáramos siempre algo más, donde la curiosidad y el deseo de saber permitió que se enfrentaran los obstáculos y superarlos, porque la creación e inventivas fueron siempre respuestas ante las dificultades, no por algo se ha construido todo lo que ya está hecho. ¿Qué hacemos con la información? ¿Se es dueño del conocimiento o esclavo del supuesto saber? ¿En qué nos afecta en la vida diaria? ¿En qué incide en la depresión y el suicidio en los adolescentes?

Si partimos del hecho de que el adolescente se encuentra en un proceso de maduración, y que se está generando y gestando en él/ella la metamorfosis de cambio de la adolescencia a la adultez, en la cual está transitando por un sinuoso camino, entre otros aspectos, de la búsqueda de su identidad, del sentido de su Ser y su razón de Ser, donde esta transformación puede estar generando conflictos en su Ser y que al estar en este proceso donde su capacidad de discernimiento no ha llegado a la maduración, la información, en la cantidad y calidad que recibe le esté creando las condiciones que alteren su estado mental y percepción del real principio de la vida y su manifestación, y lo coloquen en la disyuntiva de tomar una decisión saludable o no saludable porque la visión del mundo no este equilibrada, porque la vida en que viven los "adultos" no estimula en él los deseos naturales de la vida del hombre ni del mundo. (Ver figura siguiente)

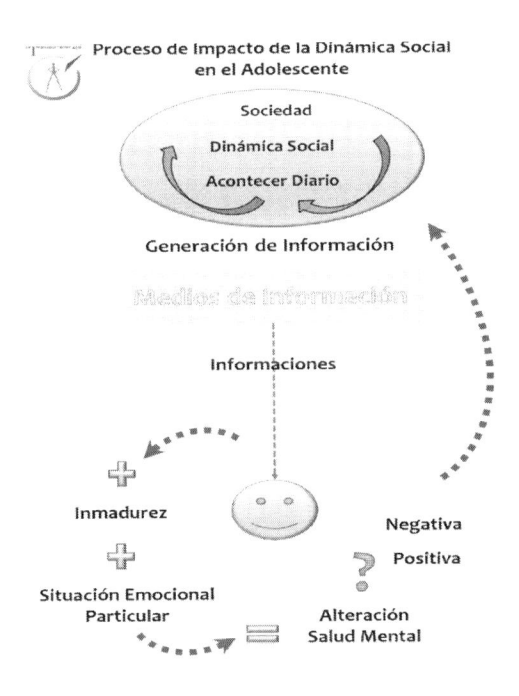

¿Es este el mundo? ¿es sólo obscuridad? No, el mundo no sólo es eso, no puede serlo porque sería antinatural, porque si bien es cierto que existe la obscuridad también existe la luz, la honestidad, la bondad, la lealtad, el amor, la fe… pero parece ser, con mucha pena, que los adultos cada vez están más envueltos en una percepción única del lado negativo del mundo, ése que causa un malestar, un desaliento, un vacío… doblegándose ante sus propios temores y actos, y como niños vulnerables y asustados por cualquier personaje maligno de la fantasía popular, como el "coco", tratan de evitar estar "informados" y con cerrarse a ello creen que esa realidad no existe, pero si eso negativo existe, ¿qué hay de los aspectos positivos del mundo que también existen y que también son reales?

Cierto, existe la corrupción, la impunidad, la violencia, la carencia… sin embargo, también es cierto que hay informaciones de logros, de avances, de instituciones y personas que trascienden a las adversidades, motivo de inspiración y de ejemplo que aportan desde su posición beneficios para el bien común, que devuelven la fe y la esperanza de un mundo mejor, ¿quién habla de ello? ¿Por qué no ponderamos lo bueno del mundo?

Estamos ante un panorama desalentador, sin una motivación que genere acciones y promueva cambios en esta ardua tarea de la vida, de su sentido, de su esencia, estamos tan necesitados y vulnerables que la fraternidad y la solidaridad nos abandonan porque no somos capaces de alimentarlos con el deseo de la alegría de vivir y saber que ni todo es negro, que ni todo es blanco, y que no estamos solos.

¿Quién le equilibra la realidad del mundo a los adolescentes? Están tan vulnerables, abandonados a sus propias fuerzas, haciendo con esto que la identificación entre ellos sea cada vez más fuerte y menos comprensible para los padres y quizá sea la razón de que esa búsqueda quede sin la balanza del equilibrio de la vida y por eso busquen, de forma intuitiva esa parte positiva del mundo que les dé el sentido y equilibrio que, aunque no lo perciben, saben que existe, y como no tienen y no conocen otro camino, buscan dentro de la obscuridad.

Se ha trabajado mucho en los adolescentes, se les están proporcionando plataformas para enfrentar sus problemáticas, sin embargo, el bullying, embarazos precoces, enfermedades de transmisión sexual, adicciones, conductas antisociales y delictivas, la depresión y el suicidio no están mejorando, ¿qué falta entonces para que este objetivo pueda llevarse a cabo?

¿Y los padres?, los padres están quedando en desigualdad de circunstancias ante sus hijos porque su preparación no está siendo impulsada de la misma manera, esta desigualdad tiene un efecto negativo más que positivo en su relación, el nivel de información que manejan los adolescentes es mucho mayor que el de los padres.

Y partiendo del supuesto que los padres se estén preparando también, la pregunta obligada sería, ¿cómo se está estableciendo la plataforma para ese difícil oficio de ser padres? ¿Igual que en la de los adolescentes? La información no es formación, por un lado, y por el otro, es probable que se esté enfocando esta preparación en el hacer y no en el Ser de la misma manera.

En el transcurso del trabajo de los programas de padres se ha podido constatar que se están enfrentando, a partir de la educación a sus hijos, a tres grandes problemas: Los malestares personales que de manera particular viven, la falta de habilidades para comunicarse con sus hijos y la confrontación que genera el cuestionamiento a sus propios paradigmas. ¿Cómo pueden los padres responder a las demandas que implican las nuevas condiciones en la educación si son objeto también de la misma problemática?

Las condiciones modernas están confrontando los esquemas tradicionales en los que los padres han fincado la educación de los hijos, la cual esencialmente se basaba en la formación de las normas de conducta y los valores, sin embargo, ahora estos elementos ya son insuficientes para responder a las nuevas circunstancias. ¿Qué elementos podríamos integrar a la perspectiva de la educación para coadyuvar en su objetivo?

Como hemos podido observar en este recorrido, la dinámica social implica que las condiciones y circunstancias sean un factor de constante cambio, tanto interno como externo, este cambio está transformando la manera de continuar adelante, los avances del mundo ya tienen una sinergia propia en la que usted, ni yo podemos intervenir, es parte del proceso, es parte del cambio, por lo que es inminentemente necesario que fortalezcamos nuestras habilidades para la vida desde el principio mismo, la humanidad que somos integrada a la educación, y para ello mostramos el modelo del cual surge la herramienta que hemos de compartir (ver figura abajo).

Educación T450°
Bio-Psico Social Mente Responsable

INDIVIDUALIDAD (Intimación)

Bienestar Padres

Dinámica Social

Ética y Valores

Equilibrio del Mundo

COLECTIVIDAD (Socialización)

Educación T450° está fincado en uno de los fundamentos del modelo El Transportador 450° - El Ser Bio-Psico Social Mente Responsable, que se ha expuesto con anterioridad y se finca en cuatro elementos funcionales que se consideran esenciales: el bienestar de los padres; la educación de los hijos fincada en la ética y los valores; la integración de la dinámica social como parte de la educación y; el restablecimiento y afianzamiento del equilibrio de la realidad del mundo, y que son el resultado de las experiencias del trabajo de campo con personas maravillosas que están haciendo su mejor esfuerzo como padres y quienes me han compartido muchas de sus experiencias.

- El bienestar de los padres; la salud mental en los padres es vital, no sólo por la responsabilidad que tienen en la educación y formación de sus hijos, sino porque son el primer espejo de vida en el que los menores tienen contacto con el mundo.

- Educación; educar a los hijos sobre la plataforma de la conducta ética como eje principal para poder alimentar y trascender los valores con la congruencia del actuar y sentir, desde la individualidad hasta la colectividad de su Ser.
- Dinámica Social: los padres deberán integrar de manera personal en su perspectiva y formación de la educación en los hijos, los elementos de la dinámica social por lo que deberán desarrollar las competencias requeridas.
- Equilibrio del Mundo; implica el desarrollo de competencias humanísticas en los padres y que son necesarias para manejar la percepción del adolescente de una manera saludable.

"El Filtro T450°"

Esta herramienta es parte del modelo del programa para padres, y como se mencionó previamente, sus bases están fincadas en el modelo **"El Transportador 450°"** y que corresponde al nivel 1. Observe la siguiente imagen:

El Filtro T450°

Moral | Responsabilidad Social

INDIVIDUALIDAD (Intimación)

- Área 1: Íntima Yo - Yo
- Área 4: Pública Yo - Demás
- Área 2 (Privada Yo - Otro)
- Área 3 (Social Yo - Otros)

COLECTIVIDAD (Socialización)

Ética | Cívico / Legal

Padres
Bio-Psico Social Mente Responsable

¿Para qué es? ¿Cómo funciona? Como lo señalamos en este apartado la información es un factor que está afectando las percepciones, perspectivas y fundamentos de vida en los adolescentes y como parte de este modelo de educación propuesto, "El Filtro T450°" tiene la finalidad de apoyarle en la integración de esa información de manera saludable en su hijo/a.

La información que se pondera de manera negativa, deberá ser motivo de acercamiento con su hijo/a, es una oportunidad de afianzar su relación con él/ella y la educación que le esté dando.

La información o noticia considerada relevante debido a la atención o comentarios de su hijo/a deberá ser "comentada sistemáticamente" –esto independientemente de la información que usted considere importante– con el enfoque particular de cada una de las cuatro áreas que aparecen en la herramienta:

Área 1: Pregúntele qué piensa del tema de análisis, haga preguntas sobre por qué cree que se derivó esa circunstancia, llévelo a una reflexión a partir del él/ella mismo, esto tiene la finalidad de que usted escuche como expone las posibles percepciones sobre el actor, circunstancia o causa de la información y que pueden evidenciar si existe alguna similitud con su hijo/a, pregúntele que haría él/ella, no lo juzgue ni lo cuestione sobre el por qué, el objetivo no es sólo comentar la noticia sino acercarnos a ese Ser que es su hijo/a y reconocerlo en ese momento, no inmiscuya ninguna otra cosa de la vida, ni de él ni de usted, es decir, su vida cotidiana, eso no es lo importante, recuérdelo, después de eso, filtre el asunto a partir de conceptos morales, es decir, el sentido del bien y del mal, esta es una gran oportunidad para afianzar en él/ella los valores con los que está siendo educado/a.

Área 2: Ahora, haga preguntas sobre cómo pudiera ser el entorno familiar y las relaciones que rodean el asunto que se analiza para llevarlo a una reflexión valorativa de lo que tiene en casa, no se lo diga tal cual, haga comparaciones para que él/ella pueda darse cuenta por sí mismo/a, haga hincapié en la importancia de las relaciones, la comunicación y de los lazos afectivos, ahora filtre el tema por la ética, inmiscuya en su conversación la conducta a partir de hacer lo correcto y tomando como ejemplo la acción o circunstancia analizada para que pueda integrar la experiencia y valorar. Recuerde que la única manera de afianzar los valores es a partir de la congruencia del actuar.

Área 3: Haga una reflexión de la situación involucrando ahora a otros, es decir, las relaciones sociales que posiblemente aparecen en el conflicto, hable de relaciones saludables o no saludables, es decir dañinas y cómo influyen en cada uno de nosotros, ahora, y para aplicar el filtro cívico/legal, piense en ese momento en los elementos de trasgresión a las normas o la ley que se den en ese contexto, hable sobre la importancia de las interacciones sociales del conflicto, ponga de ejemplo lo que usted y a quien usted quiera, nunca a él/ella, ni a usted mismo. Hable del bien común, de la legalidad, derechos humanos como medios de respeto de convivencia, de la pluralidad y la inclusión, para reforzar la formación ciudadana en el adolescente.

Área 4: A partir de la información particular del caso en análisis, ahora utilice el último filtro para afianzar en él/ella la uno de los aspectos de la responsabilidad social, pregúntele si piensa que esa información puede influir y en qué formas en la perspectiva de las personas, escúchelo/a, deje que exponga abiertamente lo que piensa al respecto, no lo cuestione y etiquete ya que en su respuesta usted deberá encontrar los elementos para hacerle darse cuenta de la importancia que tiene el manejo de la información, con ello podrá usted concientizarlo/la sobre la manera en que él/ella de manera individual esta posiblemente siendo responsable también, ahí está la oportunidad de fortalecer el sentido de unidad y responsabilidad que como sociedad debemos tener, solo recuerde que el primer ejemplo, es usted.

Suicidio
Las Señales Silenciosas
Guía para Padres

Bibliografía

Alejandro Águila Tejeda – Suicidio la última decisión – Editorial Trillas
Annie Broadbent – Hablemos de la muerte – Editorial Paidós
Arthur Schopenhauer – El amor, las mujeres y la muerte
Elisabeth Kübler-Ross – Conferencias: Morir es de vital importancia – Editorial Diana
Elisabeth Küble-Ross – Sobre la muerte y los moribundos – Debolsillo
Elisabeth Kübler-Ross – La rueda de la vida – Editorial Vergara
Arnoldo Kraus – Cuando la muerte se aproxima – Editorial Almadia
Émile Durkheim – El Suicidio – Ediciones Coyoacán
Erich Fromm – El arte de amar – Editorial Paidós
Erich Fromm – La revolución de la esperanza – Fondo de Cultura Económica
Erich Fromm – El miedo a la libertad – Editorial Paidós
Erwin Stengel – Psicología del suicidio y los intentos suicidas – Editorial Hormé
Fernando Quintanar – Comportamiento suicida perfil psicológico y posibilidades de tratamiento – Editorial Pax
Fidel De la Garza – El suicidio medidas preventivas – Editorial Trillas
Hilda Marchiori – El suicidio enfoque criminológico – Editorial Porrúa
Hugo Bleichmar – La depresión un estudio psicoanalítico – Editorial Nueva Visión
Jessica Wolf – Superando el duelo después de un suicidio – Editorial Pax
Juan Carlos Pérez – La mirada del suicida – Plaza y Valdés Editores
John F. Sitton – Habermas y la sociedad contemporánea – Fondo de Cultura Económica
José María Madariaga – Nuevas miradas sobre la resiliencia – Editorial Gedisa
Jürgen Habermas – La ética del discurso y la cuestión de la verdad – Editorial Paidós
Luis Rodríguez Mancera – Criminología – Editorial Porrúa
Martín Buber - ¿Qué es el hombre? – Fondo de Cultura Económica
Michel Foucault – Las palabras y las cosas, una arqueología de las ciencias humanas – Siglo XXI
Moisés Laufer – El adolescente suicida – Editorial Nueva
Oscar Benasine – Psicopatología del desarrollo infantil y de la adolescencia – Editorial Trillas
Pierre Morón – El suicidio – Editorial Ábaco
Rita Jaime – Relaciones exitosas e inteligentes la historia – Editorial IPIREI
Víctor A. Payá – Víctor Gómez Patiño – Wendy Nicolasa Vega – El don y la palabra – UNAM Facultad de Estudios Superiores Acatlán

www.inegi.org.mx/saladeprensa/aproposito/2015/suicidio
www.cinu.mx/eventos/observancia/dia-mundial-para-la-prevencion-1/
www.elmundo.es/españa/2015/02/27/54f0cff4e2704ef9158b4573
www.efesalud.com/noticias/cinco-enfermedades-mentales-en-profundidad/
www.who.int/features/factfiles/mental_health/es/
www.scribd.com/document/80513608/El-Duelo-Por-un-suicida

www.mundogestalt.com/duelo-y-sus-distinto-tipos/
www.tanatologia-amtac.com/biblioteca
www.ekrmexico.org.mx/el-duelo-y-la-perdida/
www.prezi.com/3uqm8owor5mb/dr-luis-alfonso-reyes-zubiria
www.es.slideshare.net/varelaselene/clasificacion-de-la-muerte-medicina-legal
www.tipos.co/tipos-de-muertes/#ixzz4NekKNwBV
www.inegi.org.mx/prod_serv/contenidos/espanol/bvinegi/productos/continuas/sociales/suicidio/2010/suicidios_2010.pdf
www.conadis.salud.gob.mx/descargas/pdf/Clasificacion-CIF.pdf
www.who.int/mental_health/evidence/Prevention_of_mental_disorders_spanish_version.pdf
www.who.int/features/factfiles/mental_health/es/
http://www.who.int/es/

Printed in Great Britain
by Amazon